全国合戦印徹底ガイド

見どころ・楽しみ方がわかる

小和田哲男 監修

全国「合戦印」徹底ガイド　見どころ・楽しみ方がわかる　目次

190枚以上の印を紹介！

はじめに

　お城めぐりや武将の史跡めぐりをするときに記念としていただく「御城印」や「武将印」は、今やお城めぐりをする楽しみの一つとして定着しています。そしてここ数年、「古戦場印」「合戦印」と呼ばれる印も全国のお城や観光案内所などで続々と発行されています。

　本書では「合戦」をテーマとして、古戦場印をはじめ、御城印や武将印、そして寺社仏閣でいただける御朱印を「合戦印」というくくりで紹介。各合戦の概要や、参戦した武将、またゆかりの観光スポットなどを徹底的に解説しています。

　一般に販売されている印に加え、イベント記念の限定版やバージョン違い、お城や観光協会が販売しているオリジナルの集印帳なども掲載。また、関ヶ原の戦いや桶狭間の戦いなどの戦国時代の合戦だけでなく、源平合戦や鳥羽・伏見の戦いなど、時代を超えてさまざまな合戦印を取り上げました。合戦印ガイドの決定版として、約190種の印を収録しているので、お城や観光スポットへ行くときにぜひ一冊持ち歩いて、古戦場めぐり、お城めぐりを楽しみましょう。

合戦印の楽しみ方
一、合戦印の見方

合戦が行われた年号や日付、武将の名言などが書かれている

その合戦の行われた年号や日付、またその合戦を象徴する名言やエピソードなどが書かれている印もある。中央に書かれている揮毫は、地元出身の書家が書いたものもあれば、城主の書状の写しなどから取られたものもある。

授与日の日付は記念日にもなる

合戦印はいただいた日付を記入することができる。購入時に書き入れてくれるところもあれば、自分で日付印を押すところもある。いつ訪れたかがわかるので、後で観光の思い出を振り返ることができる。

台紙も個性的

地元産の和紙や特殊な素材を使った合戦印もある。また、シール状になっており、好きなところに貼れるタイプもある。

合戦にゆかりのある武将の家紋が押印されている

ほとんどの合戦印に、その合戦に関わる武将の家紋や花押、発行元の角印などが押されている。主君やその武将にゆかりのある家紋が複数配置されたり、武将やお城のシルエットがデザインされているものもある。紋や印はそれぞれに意味があり、個性豊かなのが合戦印の特徴だ。

合戦印の楽しみ方
二、集め方のコツQ&A

Q1 古戦場印や御城印と御朱印の違いは？

御朱印はもともとお寺や神社に参拝した際に納経の証としていただくもの。基本は御朱印帳に手書きしてもらう。コレクターズアイテムやスタンプラリーではないので気をつけよう。古戦場印や御城印はあくまでお城や観光地を訪れた記念に購入するもので、書き置きが多い。

Q2 どこで購入できるの？

お城の入場券販売所や売店、観光案内所で販売されていたり、お寺や神社の受付などで授与される。ただし、印によっては期間限定のものや、発行を終了したものもあるので、訪れる前に事前に確認しておこう。

→頒布場所一覧は136ページ

Q3 いくらで買えるの？

300円で販売されているものが多い。限定版やセット販売などもある。御朱印の場合は、志納料として金額が決まっていない場合もある。

Q4 どんな種類があるの？

古戦場や合戦をテーマにした「古戦場印」だけでなく、本書では合戦に関する文言が入っている「御城印」や「武将印」も含めて「合戦印」と総称している。続々と発行されていて、デザインも1種類ではなく、バージョン違いや季節ごとの期間限定版もあるので、観光地へ行く楽しみの一つといえる。

限定版

通常盤

合戦印の楽しみ方
三、集印帳に集めよう

御城印帳

御朱印帳

オリジナル集印帳

オリジナルの集印帳を持って出かけよう!

御城印や武将印は、印刷された書き置きのものが多いので、集めて保管しておくのに「集印帳」を用意しておくと便利。御朱印用の「御朱印帳」のほか、「御城印帳」や「武将印帳」も販売しているのでオススメ。お城や武将ゆかりの観光スポットでオリジナルの集印帳がたくさん発売されているので、お気に入りの一冊を見つけよう。

台紙タイプ

御朱印帳と同じように、ポケットはなく、台紙に直接のりなどで貼り付けるタイプ。日本100名城のスタンプ帳にしたり、旅の記録をメモしたりする使い方ができる。

収納ポケット付きタイプ

ポケットに入れて保管できるタイプ。のりで貼り付ける必要がなく、入れ替えができるので便利。入城券や拝観チケットの半券など、旅の思い出も一緒に保管できる。

本書の見方

本書では全国で発行されている合戦印を紹介している。合戦印の解説と、ゆかりの武将、また各合戦にまつわる史跡など見どころも合わせて解説。観光をするときに役立つ情報も掲載しているので、ぜひ携帯して歴史めぐりをしてみよう。

合戦名

現在使われている一般的な合戦の呼び方を掲載。

三成らによる水攻めに耐えた

忍城の戦い

おしじょうのたたかい

日本三大水攻め之城
武蔵
忍城

❶成田氏の家紋「丸に三つ引両」が配置されている。

❷「日本三大水攻めの城」の一つとして、「紀伊 太田城」「備中 高松城」とともに発行されている御城印。

石田三成の水攻めに耐え抜いた城

頒布場所DATA

販売場所	紀州九度山真田砦および紀州戦国屋オンラインショップ
販売価格	非売品

10倍の兵力差を耐え忍ぶ難攻不落の「忍の浮き城」

西の諸国を平定した豊臣秀吉は、天下統一への最終局面にむかい、関東圏で一大勢力を誇る北条氏の領土へと侵攻した。天正18年（1590）、秀吉が後北条氏の領土を包囲する小田原討伐が起こる。関東地域において、北条氏傘下の周囲の支城が落ちるなか、最後まで抵抗を続けたのが忍城であった。

忍城の城主である成田氏は、もともと関東管領の山内上杉氏に属していたが、河越城の戦いで山内上杉憲政が北条氏康に敗れて以来、北条氏に従っていたものである。ゆえに、忍城も豊臣軍の標的となった。

このとき、当主の成田氏長は、弟泰親らとともに小田原城に籠城していたため、城代として氏長の従弟成田長親が2000余の兵とともに守っていた。忍城の行く末は、残った家臣たちに託されていたのである。

豊臣軍は、石田三成を総大将に大谷吉継・長束正家・真田昌幸・直江兼続・浅野長吉らそうそうたる武将が名を連ねた大軍勢であった。

78

本文

合戦のあらましやゆかりの武将、お城、史跡の情報などを解説している。

頒布場所DATA

各印の頒布場所・販売価格を掲載。

※頒布場所の営業時間や連絡先は136ページの「頒布場所一覧」をご覧ください。

合戦印解説

合戦名やゆかりのある武将の家紋、特徴や見どころを解説している。

その他の印

別の団体から発行している印やバリエーション、またゆかりのあるお城の御城印や武将の武将印などもあわせて紹介している。

忍城の戦い

墨城印　忍城
中央には「月に三つ引両」の家紋が配置されている。

頒布場所DATA

販売場所	戦国魂
販売価格	300円（税込）

山内上杉氏配下の豪族成田親泰が築城したとされる忍城。関東七名城の一つに数えられた。写真は江戸期に建造された御三階櫓を復元したもので、現在は資料館になっている。
写真提供：一般社団法人埼玉県物産観光協会

上野館林城を攻略した三成は、常陸の佐竹義宣や下野の宇都宮国綱とともに2万3000余の軍勢で、武蔵忍城を包囲した。兵力差は10倍以上である。

豊臣軍は6月5日から攻撃を始める。三成はまず、城の大宮口に本営を設け、正攻法で仕掛けるが、忍城は周囲を沼や深田で囲まれ、「忍の浮き城」と称された天然の要害であるため、守りの堅さに阻まれ、陣を丸墓山古墳に移動。忍城を包囲する形をとるものの、沼や河川を効果的に利用している忍城を前に攻め手にかけていた。

そこで三成は、豊臣秀吉の指示に従って、この忍城を水攻めにすることにした。城の周囲に全長約14キロメートルの堤を、わずか1週間弱で築き、利根川と荒川の水を引く。

この堤防は戦国時代最大級のもので、現在でも「石田堤」として残っている。

しかし、突貫工事ゆえのもろさか、あるいは忍城側の間者によるものか、堤は大雨による氾濫で崩壊し、寄せ手の豊臣勢270余人が溺死したという。こうして、三成による水攻めは本丸を陥れるまでには至らず、失敗に終わった。

7月5日に本城である小田原城が開城したあとも、忍城では籠城が続けられていた。開戦から1カ月を過ぎても落ちない忍城に対し、秀吉は援軍を差し向けて、浅野長政・上杉景勝・前田利家ら有力武将が参戦し、総攻撃を仕掛ける。

しかし、もともと天然の要塞だったうえに、先の水攻めによって足場がさらに悪くなっていたため、豊臣軍の侵攻は思うように進まず、結局10倍近い兵力差をもってしても忍城を落とすことはかなわなかった。

7月16日、小田原城に出向いていた忍城当主である氏長の説得に応じて長親が開城することとなる。難攻不落の忍城は、最後まで敵に破られることはなかったのである。

城主氏長は一命を助けられ、蒲生氏郷に預けられたあと、下野烏山城3万7000石を与えられた。

いっぽう三成は、10倍の兵力差や、大掛かりな水攻めにも失敗したことで、戦下手と揶揄されることとなった。

79

写真提供・協力

赤間神宮／市川市観光部観光政策課／茨城古河城バルーンプロジェクト／岩崎城歴史記念館／奥州王／太田城史跡顕彰保存会／大高地域観光推進協議会／大歳神社／桶狭間古戦場保存会／OFFICE関ケ原／大山崎町役場企画財政課／金崎宮社務所／観光交流企画室TAC／紀州九度山真田砦（紀州戦国屋）／岐阜県観光連盟／岐阜関ケ原古戦場記念館別館／小牧市歴史館／行田市郷土博物館／埼玉県物産観光協会／佐倉市観光協会／佐倉市役所文化課／宗教法人 大本／新城市設楽原歴史資料館／仁風閣／戦国魂／垂井町役場産業課／作手歴史民俗資料館／多古城郭保存活用会／長円寺／鳥取市歴史博物館／豊明市役所産業支援課／長久手古戦場公園／長篠城址史跡保存館／ながの観光コンベンションビューロー／濃州明智砦／八幡社／福田寺／北陸城郭プロジェクト（フリー・スタイル）／松江観光協会／三島市教育委員会教育推進部文化財課／山形市まちづくり・企業支援課／山城ガールむつみ／れきしるこまき（小牧山城史跡情報館）／和歌山市観光協会

※本書は2021年6月現在の情報を掲載しています。

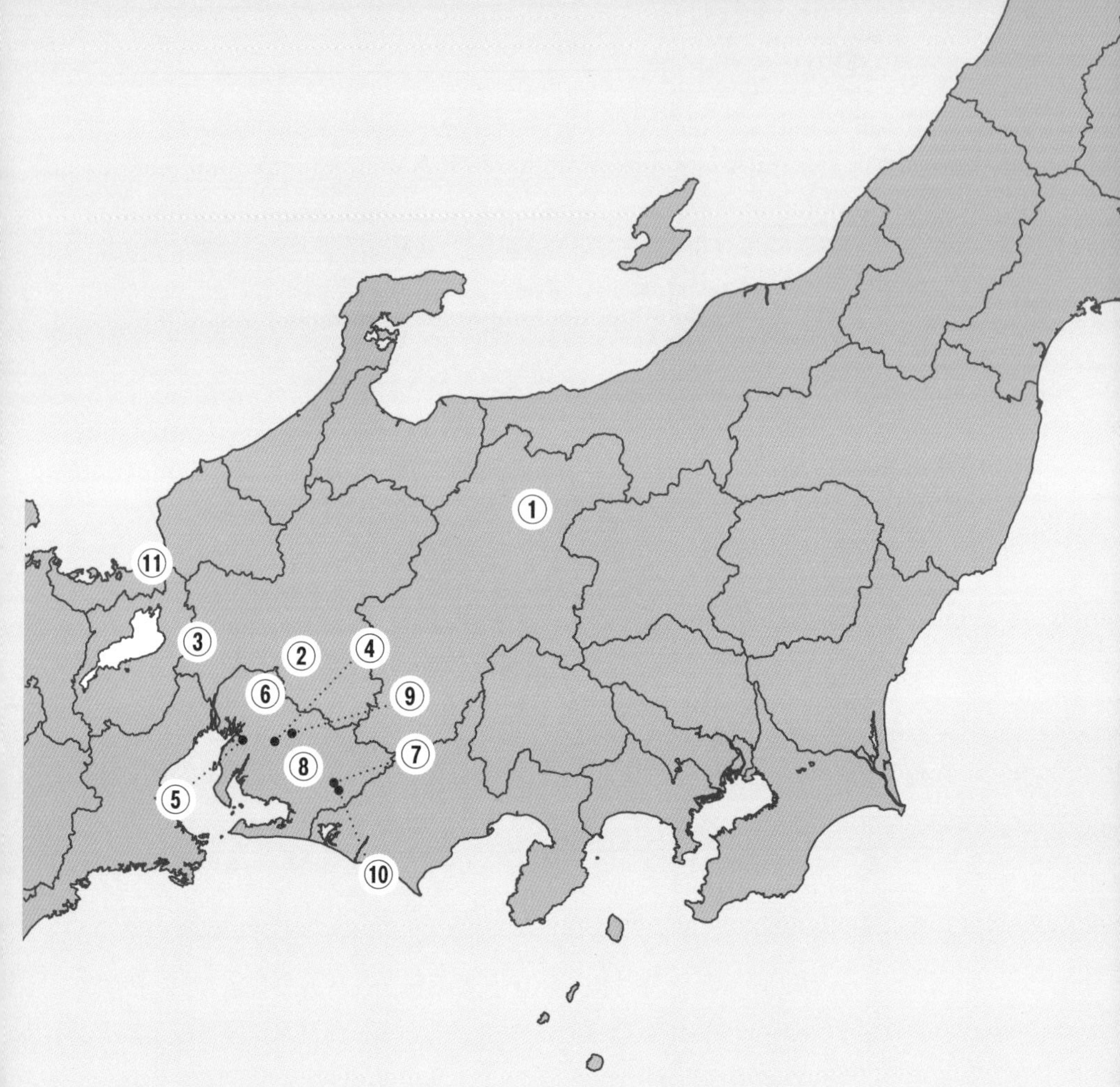

①八幡社
〒381-2212 長野県長野市小島田町1362

②御嵩宿わいわい館
〒505-0116 岐阜県可児郡御嵩町御嵩1554-1

③岐阜関ケ原古戦場記念館 別館
〒503-1501 岐阜県不破郡関ケ原町関ケ原894-92

④岩崎城歴史記念館
〒470-0131 愛知県日進市岩崎町市場67

⑤桶狭間古戦場公園
〒458-0913 愛知県名古屋市緑区桶狭間北3丁目1001

⑥小牧市歴史館
〒485-0046 愛知県小牧市堀の内1-1

⑦設楽原歴史資料館
〒441-1305 愛知県新城市竹広 字信玄原552

⑧新城市作手歴史民俗資料館
〒441-1423 愛知県新城市作手高里縄手上35

⑨長久手古戦場公園
〒480-1177 愛知県長久手市仏が根

⑩長篠城址史跡保存館
〒441-1634 愛知県新城市長篠市場22番地-1

［全国］
主要領布場所MAP

本書で掲載している合戦印の主な頒布場所を紹介します。
※頒布場所詳細はP136に掲載

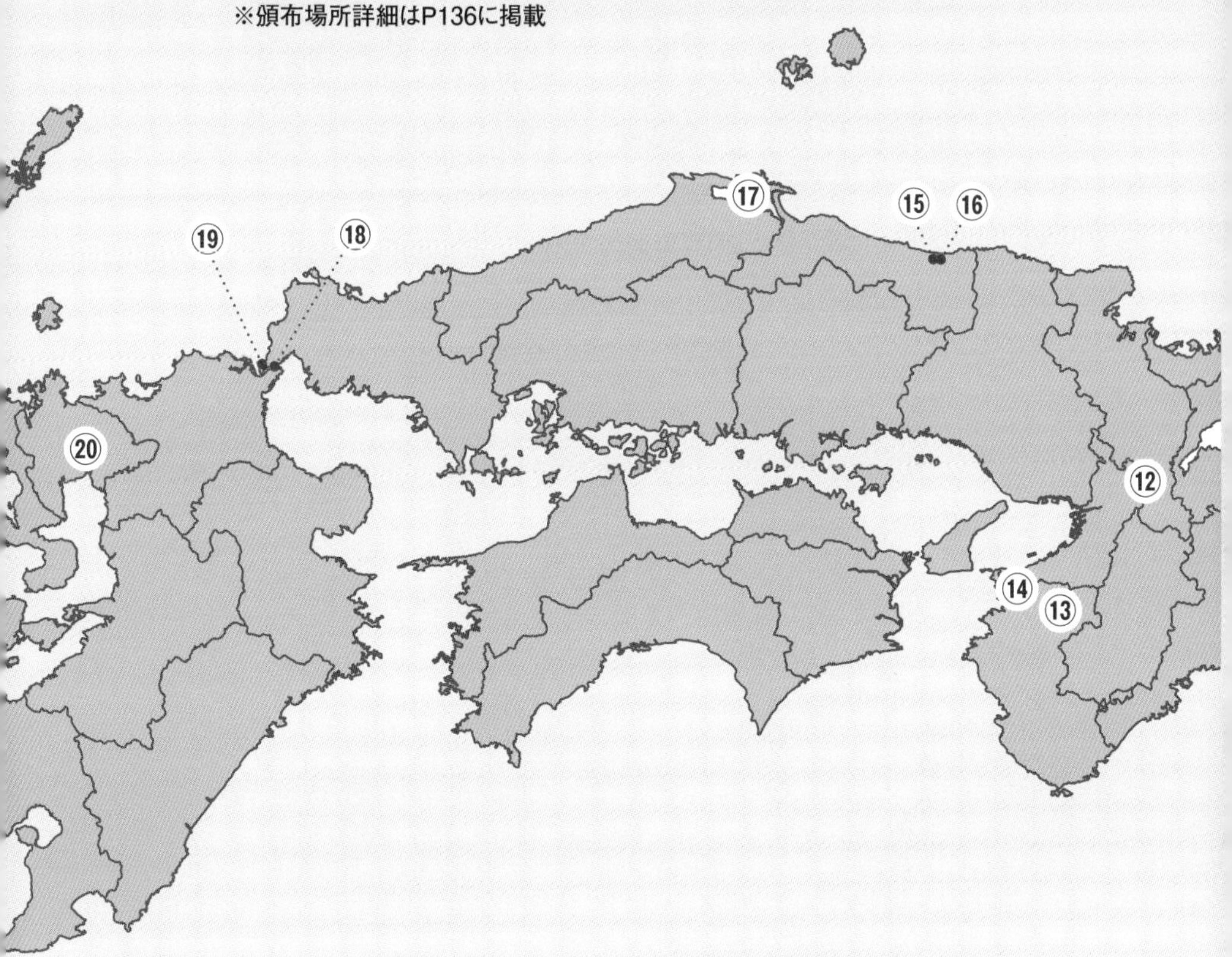

⑯仁風閣
〒680-0011 鳥取県鳥取市東町２丁目121

⑰いっぷく処 清松庵
〒690-0888 島根県松江市北堀町

⑱赤間神宮
〒750-0003 山口県下関市阿弥陀寺町4-1

⑲大歳神社
〒750-0025 山口県下関市竹崎町1丁目13

⑳福田寺
〒849-0311 佐賀県小城市芦刈町芦溝807

⑪金崎宮社務所
〒914-0072 福井県敦賀市金ケ崎町1-4

⑫長円寺
〒613-0906 京都府京都市伏見区淀新町681

⑬太田城跡
〒640-8323 和歌山県和歌山市太田２丁目3-7

⑭紀州九度山真田砦
〒648-0145 和歌山県伊都郡九度山町下古沢244-14

⑮鳥取市歴史博物館 やまびこ館
〒680-0015 鳥取県鳥取市上町88

天下分け目の決戦

関ヶ原の戦い

せきがはらのたたかい

❶西軍を率いた石田三成の家紋「大一大万大吉」が配置されている。

❷岐阜関ケ原古戦場記念館を訪れた記念であることから記念館ロゴが入っている。

❸東軍を率いた徳川家康の家紋「三つ葉葵」が配置されている。

頒布場所DATA

販売場所	岐阜関ケ原古戦場記念館・別館売店
販売料金	300円（税込）

裏切りと計略に阻まれた三成、根回し上手の家康に敗れる

慶長3年（1598）8月に豊臣秀吉が死去したのち、政治は徳川家康・前田利家・毛利輝元・宇喜多秀家・小早川隆景（死後、上杉景勝）の五大老と、前田玄以・浅野長政・増田長盛・石田三成・長束正家の五奉行にゆだねられる形になったが、次第に五大老筆頭の家康と、五奉行一の実力者である三成の対立は決定的なものになっていた。それでもまだ前田利家の存命中は小康状態が保たれていたが、慶長4年（1599）に利家が没したことで事態は変わり、政務の中心は家康が握ることとなった。

慶長5年（1600）6月、戦備を整えていると噂された上杉景勝が、秀頼に対し謀反を企てているとの判断を示し、上杉を討つため家康が大坂から会津に向けて出陣すると、三成は総大将として毛利輝元を大坂城に迎えて兵を挙げる。もちろん、家康の脳裏には、ただ秀頼のために働くという考えより、「自分が畿内を留守にすれば、三成が挙兵するはず」と読み、呼び水として会津征伐を考えたのである。

こうして諸国の大名は、家康率いる東軍と三成率いる西軍に分かれると、美濃の関ケ原を中心に、畿内・近国の各地で戦いを繰り広げていったのである。

家康が赤坂に到着したのは9月14日であった。小高い山の上に陣所し、東軍の本営とした。その本営に諸将を集めた軍議が行われ、「佐和山城を抜き、一気に大坂城を攻める」という形でまとめられ、その決定は故意に西軍にも流された。

三成としては、大坂城を含めた畿内全域での長期戦を見越していたのだが、家康ははじめから、大垣城や佐和山城、さらに大坂城といった城攻めをする意思はなかったともいわれている。三成方が畿内数か所で籠城するということになれば、それを攻めなければならなくなる。したがっ

岐阜関ケ原古戦場記念館のすぐとなりにある、徳川家康最後陣跡。現在は陣場野公園と呼ばれている。

『関ヶ原合戦図屛風』（行田市郷土博物館所蔵）

て、西軍を関ケ原におびき出し、野戦にもちこむために謀略上の作戦計画を流したというわけである。

三成は、家康の作戦を謀略であると看破できず、「東軍を関ケ原でくいとめなければ」と考えた。そこで、その日の夜に急遽、大軍を関ケ原に移動させることになった。

圧倒的な大差で短時間で決着

9月15日、いよいよ関ケ原の戦いの当日である。未明に美濃大垣城に滞陣していた三成が主力を率いて関ケ原の西方へ移陣すると、家康も関ケ原東方に布陣を完了した。関ケ原に対峙した軍勢の数は、当初は東軍が7万4千、西軍が8万4千といわれ、西軍が優勢であった。ところが、西軍方には内応者が出たり、毛利隊のように全く動かないものもあり、実際は、東軍10万4千（あるいは9万3千）、西軍3万5千という大差であった。

午前8時ごろ、霧が晴れはじめると、福島正則隊の横をすりぬけて、東軍の第一線に出た井伊直政・松平忠吉が、西軍の宇喜多秀家隊めがけて鉄砲を撃ちはじめた。これが開戦の合図となり、両軍入り乱れての戦いがはじまる。

緒戦は西軍が優位であったが、徐々に東軍有利に傾いた。福島隊は宇喜多隊と渡り合い、石田隊には黒田長政・細川忠興・加藤嘉明らがあたった。石田隊の先陣が島左近で、その勢いに押されて黒田隊は相当な犠牲を出しているが、引いたとみせて側面からの攻撃を仕掛けた。その長政の作戦があたり、島左近は負傷してしまった。これは西軍にとって大きな誤算であり、その後の戦いの展開に大きな影響を与えた。

そうこうするうちに石田隊の第一陣が崩れ、三成自身が陣頭に立って指揮を執ったが、本隊は柵の中に閉じこめられてしまう。三成は島津義弘に援軍を求めたが、聞き入れられず、正午すぎには、松尾山に布陣したまま動かなかった小早川秀秋が東軍につくことを明らかにし、西軍の大谷吉継隊を攻撃すると、大谷隊に属していた脇坂安治・朽木元綱・小川祐忠・赤座直保らが東軍に寝返った。

こうした状況になっても、西軍の毛利秀元率いる毛利本隊は、東軍に内通していた吉川広家の制止により兵を動かさず、西軍は総崩れとなり、午後3時には西軍の姿は関ケ原から消えてしまった。

開戦後数日ののちに敗走した三成をはじめ、主将格は捕まり、10月には洛中を車に乗せられて引きまわされたすえ、その首は三条大橋にさらされることとなった。

関ヶ原の戦い最大級の激戦が行われたといわれる「決戦地」。
現在は笹尾山を背にした田園の広がる中程にある。

関ヶ原合戦御朱印

関ヶ原の戦いに参陣した東西両軍武将の陣跡（史跡）15ヶ所の御朱印（P14に掲載の印を含む）。各武将の家紋や旗印、花押などが入り、また岐阜関ヶ原古戦場記念館を訪れた記念であることから記念館ロゴも入っている。

桃配山

徳川家康が陣を置いたといわれている桃配山。家康の家紋、花押などが配置されている。

十九女池 西

東軍の本多忠勝が陣を置いたとされる。家紋「立ち葵」が左上に配置されている。

頒布場所DATA

販売場所	岐阜関ケ原古戦場記念館・別館売店
販売料金	300円（税込）

購入方法

各陣跡を実際に訪れて写真（石碑・風景など）を撮影する。その写真を岐阜関ケ原古戦場記念館・別館売店スタッフに見せると、購入できる。

※「関ケ原」（P14）の1枚だけは現地になるので写真なしでも別館売店で購入できる。関ケ原合戦御朱印は岐阜関ケ原古戦場記念館を中心に約7km範囲に集約されており、車で巡って1日でコンプリート可能。

藤堂高虎・京極高知陣跡

藤堂・京極両隊の陣跡。左上に藤堂氏「藤堂蔦」、右下に京極氏「平四つ目」が配置されている。

春日神社

東軍として参戦した福島正則が陣を置いたとされる。中央に「福島沢瀉」が配置されている。

決戦地

激戦が繰り広げられた決戦の地。三成、家康の家紋が配置されている。

岡山烽火場

黒田長政・竹中重門の陣跡。左上が黒田氏の「黒田藤巴」、右下が竹中氏の「丸に九枚笹」。

笹尾山

三成が陣を置いたとされる笹尾山。三成の家紋や花押などが配置されている。

松尾山麓

脇坂安治が陣を置いたとされる。脇坂氏の家紋「輪違紋」が中央に配置されている。

平塚為廣碑

関ケ原にいち早く参戦した平塚為廣の碑。為廣の辞世の句と家紋が配置されている。

大谷吉継墓

側近・湯浅五助の墓とともに建つ吉継の墓。家紋「丸に違い鷹の羽」などが配置されている。

北 天満山

小西行長が陣を置いたとされる。小西氏の家紋「中結び祇園守」などが配置されている。

神明神社

島津義弘が陣を置いたとされる。島津氏の家紋「丸に十文字」などが配置されている。

松尾山

小早川秀秋が陣を置いたとされる。小早川氏の家紋「違い鎌紋」などが配置されている。

南 天満山

宇喜多秀家が陣を置いたとされる。宇喜多氏の旗印「児文字」などが配置されている。

限定版

関ヶ原黄金御朱印

関ヶ原御朱印は1月のみ限定版の「関ヶ原黄金御朱印」として販売されている。史跡の写真（いずれの史跡でも可）と、岐阜関ヶ原古戦場記念館5階の展望室から撮影した当日の日付の入館券をショップで提示することで購入可能。

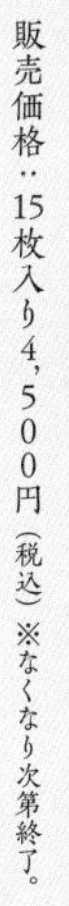
販売価格：15枚入り4，500円（税込）※なくなり次第終了。

垂井の関ヶ原合戦陣跡御朱印

南宮山・毛利秀元陣跡など各武将陣跡の「御朱印」を発行し、垂井町を訪れる方々に陣跡めぐりを楽しんでもらえるようにと垂井町観光協会が作成した「垂井の関ヶ原合戦陣跡御朱印」。全11種類。

頒布場所DATA

販売場所	垂井町観光案内所
販売料金	300円（税込）

毛利秀元陣跡

西軍の総大将毛利輝元の名代として参戦した秀元の陣跡。中央に「一文字三星」が配置されている。

竹中氏陣屋跡

竹中半兵衛の息子重門が築造した陣屋跡。竹中氏の家紋「丸に九枚笹」が配置されている。

長宗我部盛親陣跡

南宮山の栗原九十九坊跡に陣を置いたとされる。中央に家紋「七つ片喰」が配置されている。

安国寺恵瓊陣跡

西軍に属した安国寺恵瓊が陣を置いたとされる。家紋「武田菱」が配置されている。

吉川広家陣跡

吉川広家が陣を置いたとされる。吉川氏の家紋「丸に三つ引両紋」が配置されている。

長束正家陣跡

南宮山に陣を構えた正家の陣跡。長束氏の家紋「桧扇」が中央に配置されている。

池田輝政陣跡

東軍に属した輝政の陣跡。中央に家紋「備前蝶」が配置されている。

五明稲荷

黒田官兵衛の嫡男長政（松寿丸）ゆかりの地。黒田氏の家紋「黒田藤巴」が配置されている。

浅野幸長陣跡

幸長は現在の垂井一里塚近くに布陣した。中央に浅野氏の家紋「丸に違い鷹の羽」が配置されている。

垂井城跡

大谷吉継の配下、平塚為広の居城。平塚氏の家紋「亀甲に梅鉢」が配置されている。

菩提山城跡

竹中半兵衛の居城跡。竹中氏の家紋「丸に九枚笹」が配置されている。

限定版

関ヶ原合戦420年記念限定「垂井の関ヶ原合戦陣跡御朱印」

関ヶ原の戦いより420年を記念して限定100セットのみ販売された限定版。金箔紙を使用した特別仕様で、全11枚の御朱印が1セットになっている。

※現在は販売されていません

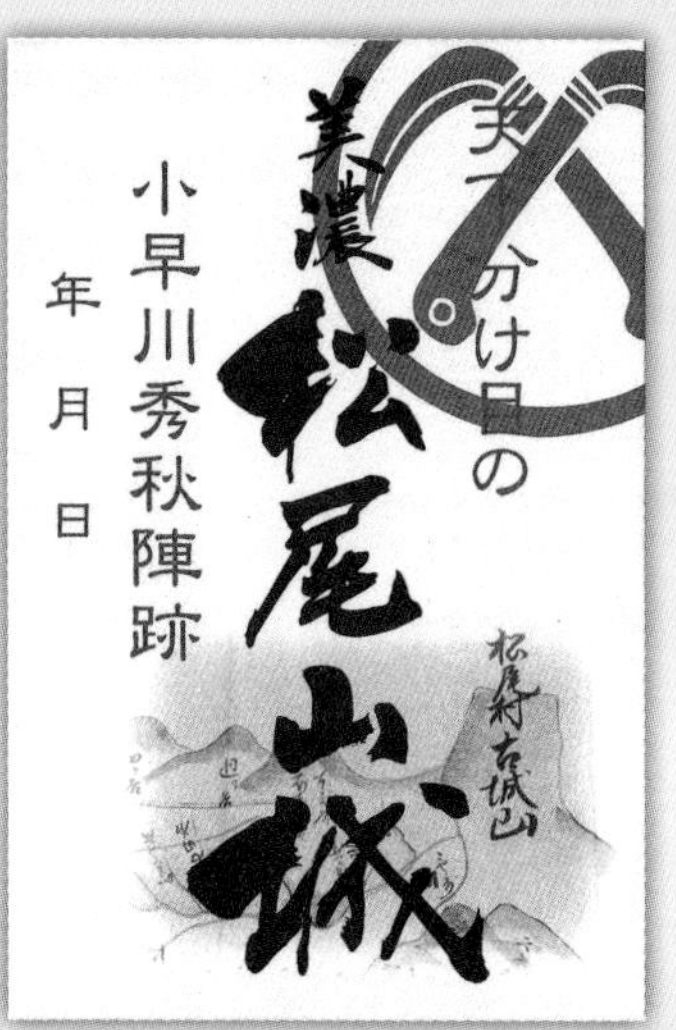

松尾山城

小早川秀秋陣跡の松尾山城の印。

頒布場所DATA

販売場所	伊吹山文化資料館
販売料金	300円(税込)

関ヶ原

徳川家康と石田三成の家紋が配置された印。

頒布場所DATA

販売場所	伊吹山文化資料館
販売料金	300円(税込)

関ヶ原の戦(西軍)

紀州戦国屋で限定販売されていた印。三成の家紋「大一大万大吉」が配置されている。

頒布場所DATA

販売場所	御嶽宿わいわい館
販売価格	400円(税込)※2021年9月～10月の期間限定販売。

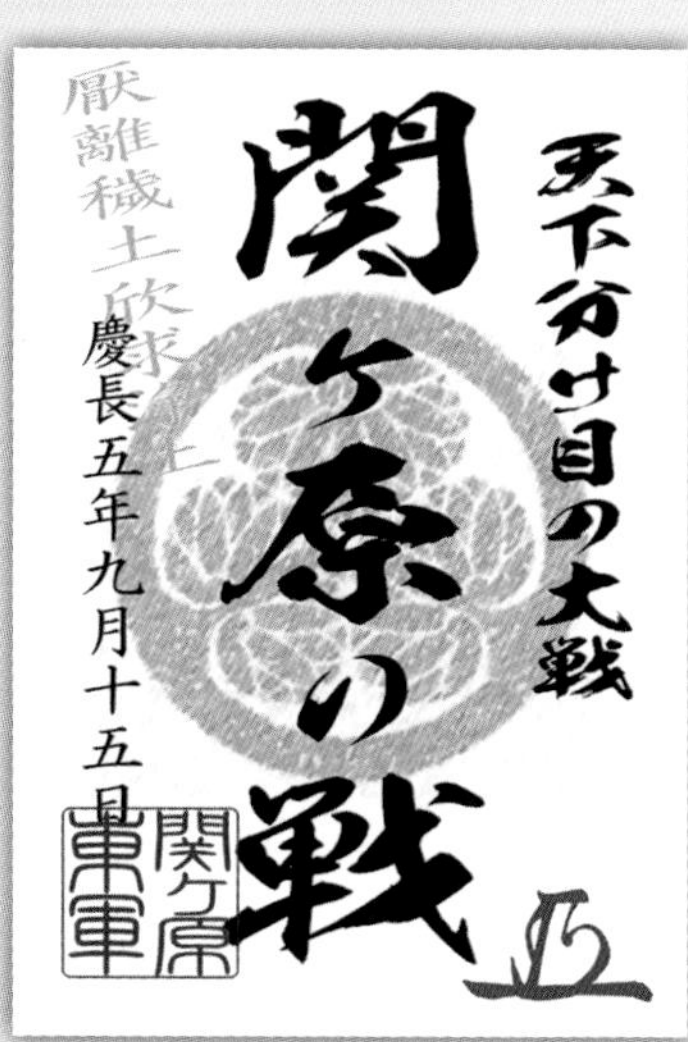

関ヶ原の戦(東軍)

紀州戦国屋で限定販売されていた印。徳川氏の家紋「三つ葉葵」が配置されている。

頒布場所DATA

販売場所	御嶽宿わいわい館
販売価格	400円(税込)※2021年9月～10月の期間限定販売。

浮世絵武将印「石田三成」

浮世絵風イラストと石田三成の名言、家紋がデザインされている。

頒布場所DATA

販売場所	真・戦国丸
販売価格	300円（税込）

関ヶ原合戦

戦国魂16周年を記念して作られた戦場印。家康と三成の家紋とイメージイラストが描かれている。

頒布場所DATA

販売場所	戦国魂
販売料金	非売品※現在は発行終了

可児才蔵武将印 願興寺御朱印 コラボ ミーモくんver

願興寺とコラボした武将印。御嵩町の公式キャラクターであるミーモくんが可児才蔵に扮している。

頒布場所DATA

販売場所	御嶽宿わいわい館
販売料金	400円（税込）

可児才蔵武将印 願興寺御朱印 オリジナルver

福島正則軍の先鋒隊長として参加し、多くの敵兵の首を取り家康から賞賛された可児才蔵の武将印。イラストは漫画家・原哲夫氏のアシスタント鍋谷咲花氏によるもの。

頒布場所DATA

販売場所	御嶽宿わいわい館
販売料金	400円（税込）

信長の運命を変えた戦い

桶狭間の戦い（おけはざまのたたかい）

❶織田家の家紋「織田木瓜」が配置されている。

❷題字は一ノ瀬芳翠氏によるもの。

❸現在の桶狭間古戦場公園で、かつては田楽坪と呼ばれていた桶狭間古戦場の印。今川義元最期の地であり、戦いの決戦地である。

❹今川家の家紋「足利二つ引両」が配置されている。

頒布場所DATA

販売場所	桶狭間古戦場 観光案内所
販売料金	3枚組1000円（税込）

「軍事の天才」織田信長
奇襲作戦で今川義元を討つ

天文20年（1551）、尾張の完全統一を目指す織田信長（おだのぶなが）は、同族相食む骨肉の争いを展開していた。ちょうどその頃、隣国の三河まで平定し終えていた今川義元（いまがわよしもと）が、尾張にも進出しはじめていた。

義元は、駿府今川館を本拠に、駿河・遠江・三河を領土とし、さらに尾張にも力を伸ばし始めていたのである。

上の「桶狭間古戦場」と、P32掲載の「おけはざま山」「善照寺砦」の合戦印は3枚組で販売されている。画像は3枚組の表紙。

永禄3年（1560）5月12日、義元は全軍2万5千の大軍を率い、尾張に向け出陣。

一方、大軍を迎え撃つ織田信長はおよそ5千といわれている。しかし領地の各地を守らなければならない信長のもとには3千の兵しかいなかった。

この戦いは「信長は勝ち目のない戦いに突っ込んでいった」とか「一か八かの賭けのような戦だった」と言われている。

錦絵「桶狭間之戦」揚州周延画。今川義元の最期の図が描かれている。

だが、ここで既成概念を突き崩すデータがある。慶長3年（1598）の「検地目録」（『大日本租税志』巻二十五所収）によると、三カ国を領した義元は三カ国合わせても約70万石しかなく、それに対し、信長は一カ国だけでも約57万石もあった。先に述べたような「勝ち目のない戦い」と言った言い方は再検討の必要があるのではないかと考える。

桶狭間の戦いの際、信長は重臣クラスの中に今川方に内通している者がいるかもしれないと考えていた。「明日、義元本隊に奇襲をかけようと思う」などと発言すれば、その情報が敵方に届いてしまう可能性は大いにある。「敵をだますにはまず味方から」と言われるが、信長も奇襲については、誰にも告げなかったのである。

5月19日午前4時、義元が丸根砦と鷲津砦を攻撃したことで合戦ははじまった。

信長は、攻撃の知らせを聞いて飛び起き、出陣の用意を命じている。

桶狭間古戦場公園（田楽坪）。公園内には義元の墓碑「駿公墓碣」（すんこうぼけつ）があり、毎年慰霊祭が行われている。写真は450年を機に建立された信長・義元の銅像。

桶狭間古戦場伝説地内にある今川治部大輔義元墓。明治9年（1876）に有松の山口正義によって造られた。

急いで用意をし、単騎、清須城（きよすじょう）を飛び出していく型破りな信長に、大慌てで5人の小姓衆と雑兵200ばかりが追った。最終的に、信長が熱田社で戦闘祈願をしている間に兵の数は3千にふくれあがった。

正午頃、信長は2千の兵を率いて中島砦（なかしまとりで）に向かった。1千を善照寺に残した理由は、今川方も斥候を出し、信長の動きを監視していたためである。残したことにより、信長本隊がまだそこにとどまっているように見せかけ、カモフラージュを行ったのであろう。

一方、義元はおけはざま山の本陣に入り、

国指定史跡となっている桶狭間古戦場伝説地。今川軍7人の戦死場所を示すといわれる「桶峡七石表」や、今川軍の重臣・松井宗信の子孫が建てたとされる「桶峡弔古碑」などがある。

今川義元公の桶狭間への出陣の城となった沓掛城の縄張図と現在城址に立つ城址碑をモチーフに義元公の家紋と二種の近藤家の家紋を配置してデザイン化した。

頒布場所DATA

販売場所	豊明市観光協会（豊明市役所産業支援課内）、ビジネスホテルいずみ、ガソリンスタンド山中石油大久伝SS、小島新聞店 ※豊明市観光協会は平日のみ
販売料金	300円

今川勢の常駐拠点となったといわれている沓掛城。5月18日、義元は沓掛城に着陣。軍議後、城内を宿所として一泊し、翌19日に出陣している。義元が敗れたのち近藤景春が手勢約400名とともに沓掛城に籠城。最後まで今川家に忠誠を尽くして織田勢と徹底抗戦したが21日に落城した。

昼食をとりながら丸根砦・鷲津砦陥落の報告を聞いた。喜びに茶会を開いたともいわれ、奇襲のことなど全く考えずにいたことがうかがわれる。

そして、午後1時前、付近一帯に急に大雨が降る。実は、この大雨こそが信長奇襲部隊にとって極めて有利に働いた。

今川方は大雨で前方の視覚を遮られ、散開してしまったからである。

信長の2千の軍が全く気づかれることなく桶狭間の山麓に到達できたのは、この大雨のおかげであった。

おけはざま山周辺には5千ほどの今川軍がおり、その中から義元を探し出すのは難しいと考えるが、信長は意外と早く居場所を掴んだ。なぜならば義元の側に塗輿が置かれていたからである。それが仇となり、信長方の奇襲に遭い、親衛隊に囲まれ退却するも、信長方の追撃により、侍臣は次々と討たれ、ついには義元一人になってしまった。

そこで、服部小平太（はっとりこへいた）に槍をつけられ、ひるんだところを毛利新介（もうりしんすけ）に首を取られてしまったという。

戦いが最終的に終わったのは午後4時頃であった。今川軍の戦死者は3千といわれており、重臣クラスの部将もかなり死んでしまった。

この時、桶狭間周辺に今川軍はまだ2万ほどいたが、「義元殿討死！」と知らせが入ると、ほとんどの兵は本国へ逃げ帰ってしまったといわれる。

桶狭間の戦いは、信長自身の展望をひらく戦いであり、戦国武将の新旧交代を示す歴史的な戦となった。

古戦場印「墨戦印 桶狭間合戦」

信長と義元それぞれの家紋と墨絵師御歌頭氏によるイラストが描かれている古戦場印。

頒布場所DATA

販売場所	戦国魂
販売料金	非売品※墨城印＋墨将印第13弾パーフェクトセットを購入するともらえる。

古戦場探訪 合戦印「桶狭間の戦」

御朱印調にデザインされたシールの合戦印。信長と義元のそれぞれの名前と家紋がデザインされている。

頒布場所DATA

販売場所	・エコグッズ.ビズ　https://ecogoods.biz/ ・ホテルサンルート彦根
販売料金	330円(税込)

合戦印 おけはざま山

大高城へ向かう途上、今川義元が本陣を置いた「おけはざま山」の印。中央に今川家の家紋「足利二つ引両」が配置されている。

頒布場所DATA

販売場所	桶狭間古戦場 観光案内所
販売料金	3枚組1000円(税込)

合戦印 善照寺砦

織田信長が桶狭間の今川本陣への攻撃を決意した「織田信長本陣・善照寺砦」の印。中央に織田家の家紋「織田木瓜」が配置されている。

頒布場所DATA

販売場所	桶狭間古戦場 観光案内所
販売料金	3枚組1000円(税込)

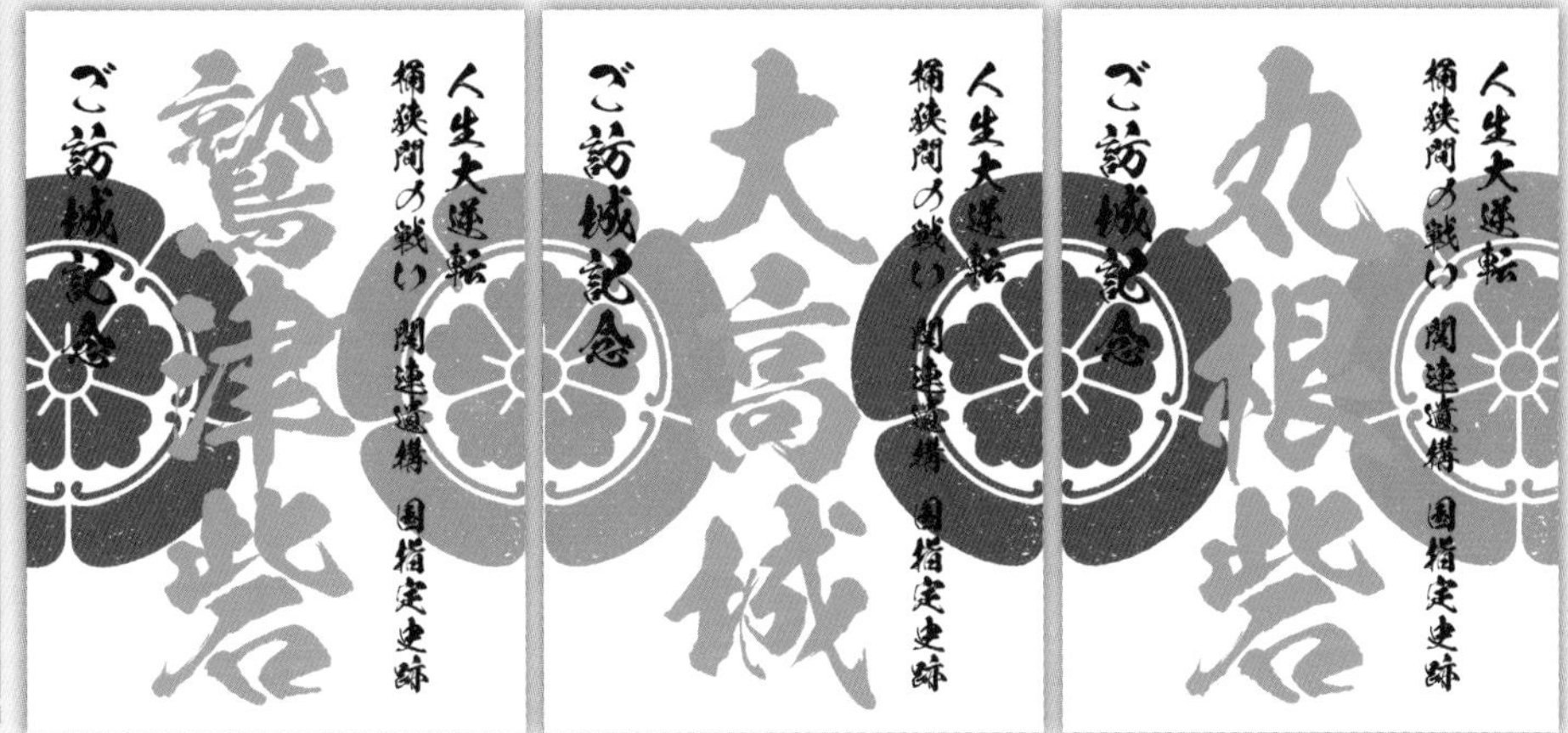

日本の歴史を動かした桶狭間の戦いの中で重要な役割を果たした大高城、鷲津砦、丸根砦の御城印。3枚1セットで販売されている。

永禄2年（1559）、信長が義元の尾張侵攻に備え鷲津砦などとともに築いた丸根砦。その丘陵頂部にある丸根砦戦殉難列士之碑。

頒布場所DATA

販売場所	大高観光案内所 （喫茶店「はな華」でも販売 ※水曜休）
販売料金	表紙付き・3枚セット1000円（税込）

名古屋三名城御城印3枚セットの表紙。

桶狭間の戦いの際、松平元康（後の徳川家康）が守っていた大高城の本丸跡。義元の死後廃城となった。昭和13年、国指定史跡となり、大高城跡公園として親しまれている。

信濃の覇権を巡る五度の対決
川中島の戦い
かわなかじまのたたかい

❶社殿前にある信玄と謙信の一騎討ちの銅像が描かれている。

❷中央には八幡社の社印が押されている。

❸「信玄・謙信一騎討ちの地」と書かれ、かつて川中島の戦いの激戦地であったことを表している。

頒布場所DATA

販売場所	八幡社社務所
販売料金	500円（税込・書き置き）

直情・情熱型の上杉謙信と堅実・慎重の武田信玄の激突

上杉謙信と武田信玄は、天文22年（1553）8月から永禄7年（1564）8月にかけて、川中島を舞台に、都合五度に渡って戦っている。これが「川中島の戦い」だが、とくに激しかった四度目の永禄7年9月10日の激突を川中島の戦いと呼ぶことも多い。

五度も戦った理由は定かではない。12年間に及ぶ戦は、どちらも得るものがなく、不毛の戦いだったとする歴史家も多い。性格が異なる二人が互いを認め合うものの、どちらも負けられないという意地と意地がぶつかったという説は納得できよう。

その両雄が死力を尽くして雌雄を決しようとしたのが、川中島の戦いである。謙信が先に仕掛け、8月14日、1万8千の大軍を率いて越後から出陣した。すると、千曲川の南岸の海津城（長野市松代町）に居を構える高坂昌信はその動きを察知し、烽火網で甲府の信玄に異変を伝えた。信玄は、海津城を守るべく、8月18日、1万6千の兵を集めて出立した。

川中島古戦場公園内に佇む八幡社。誉田別尊と建御名方命の二柱が祀られている。川中島の戦いでは、八幡大神を崇敬する信玄がこの地を本陣とした。社殿前には信玄・謙信一騎討ちの銅像が建っている。

謙信は、15日には善光寺に到着、そこを兵站基地とし、自らは、主力を率いて妻女山に登り、本陣を置いた。妻女山は海津城の西に位置し、そこから海津城を見下ろすことができた。

一方、信玄は、24日に上田を出発し、千曲川を渡って茶臼山に入った。翌25日、茶臼山を下りて、千曲川を挟んだ妻女山の対岸に陣を張る。

両陣営のにらみ合いが続く中、信玄は、29日、2万に膨れた全軍を突如海津城に集結させた。そして、9月9日夜中、信玄は8千の兵を率いて川中島に出て、残る1万2千の兵は高坂昌信を大将として、妻女山の南に回り、裏手から攻める作戦に出た。先に高坂隊が妻女山を奇襲し、謙信軍が逃げ出したところを信玄軍が迎え撃つ算段だ。

この作戦は、「啄木鳥の兵法」と呼ばれ、軍師山本勘助の進言だとされる。キツツキは、虫を捕る際、穴の反対側をくちばしでつついて、驚いた虫が穴から出てきたところを捕まえる習性があることがその名の由来という（実際はキツツキにそのような習性はないそうだが）。

第4次の戦いの舞台となった八幡原は、現在は川中島古戦場史跡公園として整備されている。園内には八幡社が鎮座している。

永禄3年（1560）頃、信玄が北信濃支配の拠点として築いた松代城跡（海津城）。

ところが、妻女山から海津城の様子を見て取れるところから、この作戦は見破られ、謙信軍はいち早く妻女山を抜け出していて、9月10日の夜が明けるころには、信玄の目の前に謙信の軍勢が群れをなしていた。
　そして、いきなり謙信が馬上から床几に

墨戦印「川中島合戦」

墨将印第6弾コンプリートセットのプレゼントとして作られた印。信玄と謙信の家紋、イメージイラストがデザインされている。

頒布場所DATA

販売場所	戦国魂
販売料金	非売品※現在は終了

古戦場探訪 合戦印「川中島の戦」

御朱印調にデザインされたシールの合戦印。信玄と謙信、それぞれの名前と家紋がデザインされている。

頒布場所DATA

販売場所	・エコグッズ.ビズ https://ecogoods.biz/ ・ホテルサンルート彦根
販売料金	330円（税込）

腰かけていた信玄に三の太刀まで斬りつけたという。現在、八幡原の古戦場には、「三太刀七太刀之跡（みたちななたちのあと）」の石碑があり、この時の有り様が銅像になっている。この両者の戦いの模様は、武田方の史書『甲陽軍鑑（こうようぐんかん）』が根拠となっている。

しかし、これは史実ではない可能性も高い。それは、『上杉家御年譜』には、斬りつけたのは家臣の荒川長実（あらかわながざね）とあるからだ。

戦いは、当初、上杉軍が優勢で、信玄も傷を負ったが、高坂昌信等が追いつくと、形勢は逆転。謙信たちは、退却せざるを得なかったという。

結局、武田軍は4千人、上杉軍も3千4百人の戦死者を出し、この勝負は引き分けた。当時、両軍合わせてこれほど多くの死者を出した戦は、ほとんどなかった。

歴史にもしは禁物だとは思うが、もし、謙信が、信玄の茶臼山到着前に5百程度の兵しかいない海津城を攻め落としていたら戦況は違ったものになったはずだ。

また、信玄が越後にこだわらず、最初の戦いで謙信と和睦し、まだ力が十分ではなかった織田や徳川を先に攻めていたら、歴史は大きく変わっていたに違いない。

上杉謙信御朱印

八幡社の社印の他、謙信の家紋「上杉笹（竹に飛び雀）」と龍の絵柄が入っている。

頒布場所DATA

販売場所	八幡社社務所
販売価格	400円（税込・書き置き）

武田信玄御朱印

八幡社の社印の他、信玄の家紋「武田菱」と虎の絵柄が入っている。

頒布場所DATA

販売場所	八幡社社務所
販売価格	400円（税込・書き置き）

両雄家紋入り

左下に信玄の家紋「武田菱」、右上に謙信の家紋「上杉笹（竹に雀）」が入ったバージョン。

頒布場所DATA

販売場所	八幡社社務所
販売価格	400円（税込・書き置き）

限定版

信玄と謙信を表す、龍と虎の絵柄が入っている。印紙には銀メタリック加工が施されている。

頒布場所DATA

販売場所	八幡社社務所
販売価格	500円（税込・書き置き）

浮世絵武将印「上杉謙信（第一義ver）」

浮世絵風イラストと、謙信の座右の銘「第一義」、家紋がデザインされている。

頒布場所DATA

販売場所	春日山旅館 銅像前売店
販売価格	300円（税込）

浮世絵武将印「武田信玄」

浮世絵風イラストと、「風林火山」の文言、信玄の家紋がデザインされている。

頒布場所DATA

販売場所	二ノ丸茶屋（白河小峰城内）
販売価格	300円（税込）

朱印帳

「川中島古戦場八幡社御朱印帳」

川中島古戦場八幡社で発行している御朱印帳は龍虎の絵柄と家紋入りの大サイズ（色は3種類）と、信玄と謙信の一騎討ちの絵柄入りの小サイズ（色3種類）がある。

御朱印帳（大）
初穂料2,000円
（御朱印込みは2,300円）

御朱印帳（小）
初穂料1,700円
（御朱印込みは2,000円）

道三と嫡男・義龍の争い

長良川の戦い

ながらがわのたたかい

❶弘治2年（1556）4月に斎藤道三とその長男・斎藤義龍との間で美濃国（現・岐阜県）の長良川にて行われた長良川の戦いの合戦印。

❷斎藤義龍の名と斎藤氏の家紋「撫子紋」が配置されている。

❸斎藤道三の家紋「二頭立波」が配置されている。

頒布場所DATA

販売場所	濃州明智砦ネット通販
販売価格	400円（税込）

乱世を生きる、骨肉争う父子の対立

天文9年（1550）、斎藤利政は土岐氏を追放して美濃（岐阜県）の国主となった。油売りの父親とともに親子二代で国を治めるまでとなった。

天文23年（1554）、利政は出家して斎藤道三と号する。道三には3人の男子があった。長男は義龍、二男は孫四郎、三男は喜平次といい、長男義龍は別腹で、道三は孫四郎か喜平次のどちらかを、家督にしようと考えていたといわれる。

もともと道三は、義龍の弟である孫四郎と喜平次を利口者であると溺愛しており、義龍に対しては耄者（間ぬけ）と見下していた。そのため、弟たちは長男義龍を侮るようになっていた。

このような状況から義龍は、「父は自分の相続権を廃して弟を跡継ぎにするのでは」と考え始め、対抗手段の策を練り、病に伏せったと見せかけるため、奥の院に引きこもるのである。

父子の対立の原因については、判然としていない。俗に、義龍の母がもともと土岐頼芸（よりのり）の側室であったことから、実父が頼芸であることを疑った道三に疎んじられたためともいう。

弘治元年（１５５５）10月、そうした道三の意向を事前に察知した義龍は、自分が廃嫡される前に機先を制して、孫四郎と喜平次の誘殺を実行する。

一説によると、義龍が、伯父の長井道利（ながいみちとし）

斎藤道三
道三の家紋「二頭立波」、右下には花押が配置され、左下には戒名が書かれている。

頒布場所DATA

販売場所	濃州明智砦ネット通販
販売価格	400円（税込）

かつて稲葉山と呼ばれていた金華山。その眼前には長良川が流れている。

古城山山頂には、地元住民らによってシンボルとして設置されたミニチュア大桑城がある。
（写真提供／山菅敦史）

古城山山頂にある大桑城跡の主郭部。
（写真提供／山県市生涯学習課）

を使い、「自分は重病で先の長くない身である。最後に直接二人に伝えたいことがあるので病床まで来てほしい」と、弟たちを呼び寄せ、酒を振る舞って酔わせたすきに、家臣の日根野弘就（ひねのひろなり）に殺害させたという。

　そうして、義龍は使者を送り、ことの顛末を道三に伝えると、自分の身も危なくな

大桑城

美濃国守護土岐氏の拠点として栄えた大桑城が、斎藤道三によって攻められ焼き討ちにされたことをイメージして、1枚ごとに焼き目が付けられている。

頒布場所DATA

販売場所	インディアンビレッジ・TWO−SPIRITS
販売価格	200円（税込）

長良川そばに建つ斎藤道三公墳。

長良川の戦いで討死にした、道三の遺体が葬られた道三塚。斎藤家の菩提寺であった常在寺の日椿上人が現在の地に移して、供養碑を建てたといわれている。

った道三は、城下から逃走し、長良川を越えて大桑城まで逃れることとなった。義龍はみずからの力で家督の座を固めたのである。

斎藤氏には西美濃三人衆（稲葉一鉄・安藤守就・氏家卜全）と呼ばれる重臣がおり、彼らを含む家臣のほとんどは義龍の側についていた。すでに道三が家臣の信望を失っていたのは確かである。事実、義龍が1万7000余を動員できたのに対し、道三には2700余しか集まらなかったという。

こうした状況で、家督は義龍に譲られたが、弘治2年（1556）4月18日、いよいよ道三・義龍父子が直接対決することとなった。鶴山に布陣した道三は義龍の拠る稲葉山城に向けて進軍を開始する。これに対し、義龍も稲葉山城から打って出たため、20日、長良川を挟んで両軍が衝突することとなった。当初は優勢に戦いを進めた道三であったが、兵力差を埋めるのは困難であった。

道三には、女婿にあたる尾張（愛知県）の織田信長が援軍として馳せつける手はずだったが、信長軍の到着前に戦いとなってしまったため、多勢に無勢を覆すこと敵わず、義龍軍が圧倒的有利に戦いを進め、23日、ついに道三は、長井忠左衛門と小牧源太の二人に首を取られてしまい、鼻までそがれてしまったのである。

戦の後、義龍は出家して「范可」と名乗るようになる。「信長公記」によれば、これは唐の故事に登場する名前で、やむを得ない事情で父親を殺した者を指す。以後、斎藤氏は信長にとって、当面の最大の敵となっていったのである。

明智光秀が起こした謀反

本能寺の変

ほんのうじのへん

❶墨戦印「本能寺の変」。光秀の家紋「桔梗紋」とイメージイラストが描かれている。イラストは墨絵師の御歌頭氏によるもの。

❷右側には信長の家紋「織田木瓜」とイメージイラストが描かれている。

頒布場所DATA

販売場所	戦国魂
販売価格	非売品 ※墨城印＋墨将印第14弾パーフェクトセットを購入するともらえる。

天下統一目前で倒れた織田信長の最期

織田信長から備中高松城への赴援を命じられた明智光秀は、6月1日午後10時1万3千余りの大軍を率いて丹波(たんば)亀山城(かめやまじょう)を出陣すると、翌6月2日未明、桂川を渡って京都に入った。光秀が家臣に「敵は本能寺にあり」と信長への謀反を明らかにしたのは、このときのことという。

光秀が謀反を決意するに至った背景としては、当時の信長の部将たちの配置状況が大きな要因となっていたと考えられる。

織田軍を率いる重臣達は全国に散っており、信長を討とうとする光秀にすれば、安土・京都周辺にこれといった部将がいない状況はまたとない絶好の条件が揃っていたわけである。

信長は、5月29日、わずかの近臣を連れて安土を発って京都に入り、本能寺に入った。京都に自分の城をもたない信長にとって、本能寺は京都に行った時、常に宿所としていた寺だ。寺といっても、堀や塀をもつ城郭構えの寺であり城と言ってもよいものであった。

浮世絵武将印「明智光秀」

浮世絵風イラストと本能寺の変の前に詠んだといわれる『愛宕百韻』の発句、明智氏の家紋がデザインされている。

頒布場所DATA

販売場所	福知山城おみやげ処
販売価格	300円(税込)

古戦場探訪 合戦印「本能寺の変」

御朱印調にデザインされたシールの合戦印。信長と光秀、そして森蘭丸の名前と家紋がデザインされている。

頒布場所DATA

販売場所	・エコグッズ.ビズ https://ecogoods.biz/ ・ホテルサンルート彦根
販売価格	330円(税込)

光秀の襲撃を受ける前日6月1日には、信長は本能寺の書院で茶会を催している。茶会の後は酒宴となり、真夜中に信忠が宿所の妙覚寺に戻り、信長も床についた。

6月2日午前6時頃、本能寺を包囲した明智勢は、堀や塀を越えて寺内に侵入する。戦いの当初信長は、この騒ぎは家臣たちの喧嘩によるものだと考えていたようである。ところが、やがて鬨の声があがり、鉄砲を撃つ音が聞こえたため、誰かの襲撃であることに気がついたという。

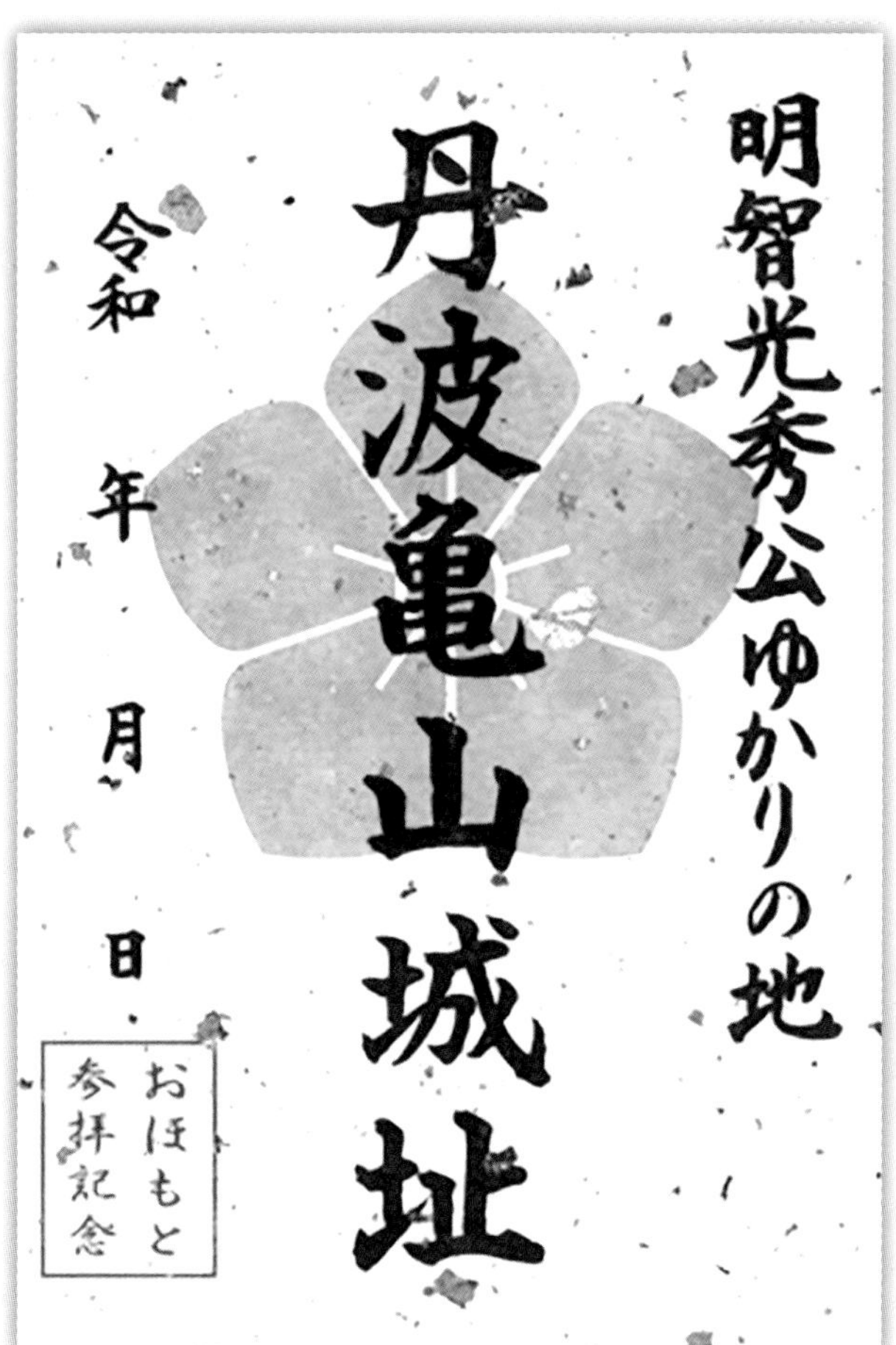

「丹波亀山城址」御城印符
光秀が丹波攻略の拠点として築城した亀山城。その城跡を訪れた記念の「御城印符」で、光秀の家紋「桔梗紋」が中央に配置されている。

頒布場所DATA

販売場所	大本万祥殿受付
販売価格	300円 （「大本神苑拝観券」）

丹波亀山城址の天守台石垣。

森蘭丸が「明智日向守殿御謀反！」と言った時、信長がどのように反応したのかについては二説ある。一つは「是非もなし」であり、もう一つは「なぜ」である。そのどちらが正しいかについてはよくわかっていない。

１００余りの家臣しか引き連れていなかった信長と、光秀が率いる1万3千の兵では圧倒的な差があり、もはや戦いといえる状況ではなかった。わずかに防戦しただけで、抗戦を諦めた信長は自刃し、森蘭丸以下家臣もことごとく討ち取られている。

ヨーロッパ人宣教師フロイスの報告によると、「信長は薙刀、すなわち柄の長く鎌の如き形の武器を執って暫く戦ったが、腕に弾創を受けてその室に入り戸を閉ぢた。或人は彼が切腹したと言い、他の人達は宮殿に火を放って死んだと言う」と記している。（村上直次郎訳・柳谷武夫編輯『イエズス会日本年報』上より）

午前8時頃に本能寺の包囲を解いた光秀は、信長の嫡男信忠が宿泊していた妙覚寺に向かう。信忠は、手兵５００ほどを率いて本能寺の信長に合流し、光秀と一戦を交えようと考え兵を出した。ところが、圧倒

墨城印「安土城」
御歌頭氏による墨絵のイラストと織田氏の家紋「織田木瓜」などが配置されている。

頒布場所DATA

販売場所	戦国魂
販売価格	330円(税込)

プレミアム御城印
『墨城印 絢爛 安土城』
(価格550円・税込)

的多数の敵兵に遮られ、本能寺に入ることができず、二条御所に入って戦った。だが、総攻撃を受けた二条御所も簡単に落ち、信忠も自刃し、ここに光秀の謀反は成功したのである。

信長の居城安土城に本能寺の変の悲報がもたらされたのは、2日の午前10時頃といわれている。光秀の襲撃が予想されたため、城の留守を預かっていた蒲生賢秀(がもうかたひで)は、信長の妻子をひとまず自分の居城である日野城に移している。

瀬田を守っていた山岡景隆(やまおかかげたか)が瀬田橋を落としたため、光秀が安土城に入ったのは橋の修復を待った6月5日であった。

信長と運命をともにした本能寺は、その後再建されるが、区画整理や火災に遭い、昭和3年に現在の場所(中京区御池下ル本能寺前町)に再建される。寺の一隅に信長と森蘭丸を祀った戦没者祀墓がある。

運命の分け目となった天王山

山崎の戦い

やまざきのたたかい

❶墨戦印「山崎合戦」。光秀の家紋「桔梗紋」とイメージイラストが描かれている。イラストは墨絵師の御歌頭氏によるもの。

❷右側には秀吉の家紋「五七桐」とイメージイラストが描かれている。

頒布場所DATA

販売場所	戦国魂
販売価格	非売品

本能寺の変からわずか11日で決着がついた

天正10年（1582）6月3日、本能寺の変の報せを受けた秀吉は、備中高松城（岡山県）に籠る毛利軍を包囲していた。このとき茫然自失する秀吉に、軍師の黒田官兵衛がにじりより「これは天下取りの好機である」と励ましたという。

奮起した秀吉は、毛利との和議を急ぎ、6日には高松城を撤収する。ここから「中国大返し」と呼ばれる強行軍が始まった。12日夜には摂津（大阪府）の富田に至っている。

猛スピードで京に接近してくる秀吉軍を知り、明智光秀は京の手前、大山崎の狭隘部で迎え撃とうと考えた。このとき秀吉軍は約4万、光秀軍は約1万の戦力差であった。

12日に、秀吉軍の先鋒である高山右近（たかやまうこん）隊が大山崎の町に入った。さらに堀尾吉晴隊が天王山を占拠したと伝わる。ここで天王山の北と東に展開していた光秀軍の先鋒と、小競り合いが起きている。

13日は朝から雨が降っていた。両軍とも

天王山中腹にある「山崎合戦之地」の石碑。展望台からは山崎の地が一望できる。

古戦場探訪 合戦印
「山崎の戦」

御朱印調にデザインされたシールの合戦印。秀吉と光秀の名前と家紋がデザインされている。

頒布場所DATA

販売場所	・エコグッズ.ビズ https://ecogoods.biz/ ・ホテルサンルート彦根
販売料金	330円(税込)

墨城印「坂本城」
御歌頭氏による墨絵のイラストと明智氏の家紋「桔梗紋」が配置されている。

頒布場所DATA

販売場所	戦国魂
販売料金	330円（税込）

警戒して動かず、本格的な戦闘が始まったのは16時ごろだといわれている。先に仕掛けたのは、光秀軍先鋒の並河易家・松田政近隊だった。天王山の東麓にあった、勝龍寺城に接近する敵を払いのけるのが目的で、あわよくば天王山を奪還する狙いだったと思われる。

しかしこれが裏目に出た。並河・松田隊を押し返した秀吉軍が、その勢いのまま光秀軍に突入し、主力を孤立させてしまったのである。主力を率いていた光秀の筆頭家老・斎藤利三が崩れ、斎藤隊の崩れは光秀軍の総崩れを引き起こした。

ひとまず体勢を立て直すため勝龍寺城に入った光秀軍は、夜になってから近江をめざす。勝龍寺城は平城で、包囲戦に耐えられなかったからだ。このとき光秀にとって誤算が起きた。まだ6千はいたはずの軍勢が、亀山城組と坂本城組の2つの敗走路に分かれてしまったのだ。

これは光秀の周囲から人が減る理由の1つになった。加えて、秀吉軍の追手を警戒し、少人数に分かれて逃げたことも考えられる。敗走する光秀に付き従っていたのは、溝尾庄兵衛ら5、6人の近臣だけだった。桂川を渡り、小栗栖にさしかかったときのことだ。光秀は突然、ひそんでいた農民の槍で脇腹を突かれて死んだ。本能寺の変から、わずか11日目のことだった。

勝利した秀吉は天下取りへと進んでいった

合戦前から、あまり効果的な手を打てなかった光秀に比べ、ぬかりなく手を打った秀吉は優位に立っていたといえる。

まず秀吉は人心掌握に長けていた。中国大返しの途中、姫路城では城の軍資金と兵糧をすべて家臣に分け与えている。

また、姫路から出陣する前日には、吉凶を占う僧侶から「明日はもう二度と帰れない日」と告げられたという。それを秀吉は

山崎合戦古戦場跡（天王山夢ほたる公園）。山崎合戦の古戦場跡とされる場所。現地からは天王山を仰ぎみることができる。

機転を利かせ、「勝てばもう姫路に戻る必要はない」と吉日にしてしまった。将兵の士気が高まったことはいうまでもない。

次に情報操作によって、他の武将たちを味方につけた。もともと秀吉が高松城攻めのために、近畿にいた織田勢の中で最大の兵力、2万5千を率いていたのは幸運だった。光秀に数で勝っていただけではない。このおかげで信長の三男・信孝や、格上の武将たちを抑えて総大将の地位を得た。

その上で秀吉は、織田父子の健在という偽情報を流し味方を欺いた。さらに、借りてきた小早川隆景の旗を陣中にひるがえし、毛利軍が加わったように見せたという話もある。

態度を決めかねていた武将たちは、秀吉軍有利と見た。こうして大山崎につく前には、総勢4万にふくれあがっていたのである。一方の光秀軍は、信長を討ったにもかかわらず、ほとんど味方を増やせなかった。

事前の準備が勝負を左右する良い例だろう。そして山崎での勝利は、織田の後継問題における秀吉の発言力を強め、天下取りへの布石につながっていく。

後の天下人二人が直接対決した

小牧・長久手の戦い

こまき・ながくてのたたかい

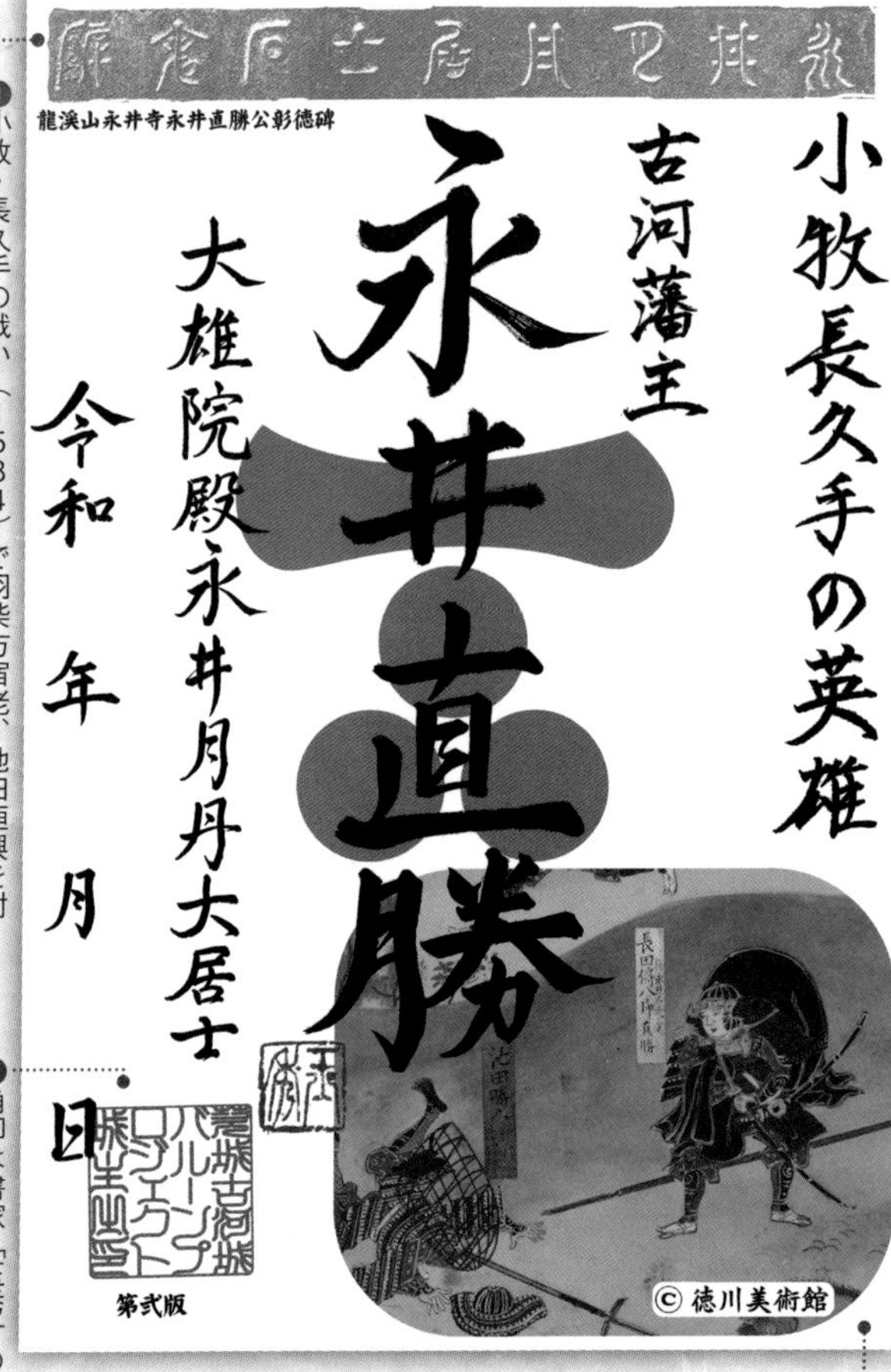

❶小牧・長久手の戦い（1584）で羽柴方宿老、池田恒興を討ち取り、後古河藩主となった永井直勝の御朱印。上部には林羅山撰文の彰徳碑の戒名、中央には永井氏の家紋「一文字三星」。

❷角印は書家「玉秀」の印章と「茨城古河城バルーンプロジェクト城主之印」。

❸右下には徳川美術館所蔵の「長久手合戦図屏風」から池田恒興を討ち取った永井直勝公の画像がデザインされている。

頒布場所DATA

販売場所	古河のお休み処 坂長
販売価格	300円（税込）

信長没後の覇権を争う 秀吉と家康の鍔迫り合い

天正11年（1583）の賤ヶ岳の戦いの頃までは、羽柴秀吉と徳川家康は友好的関係にあった。

ところが、秀吉の力が日ましに増大、特に本能寺の変後は、家康にしてみれば、自分の存在を印象づけるためにも、秀吉との戦いは不可避であった。

しかし、家康一人では秀吉に対抗することができなかった。天正12年（1584）3月6日、織田信雄が自身の三人の家老が秀吉に通じていたという理由で処刑を断行。信雄は家康と連絡をとりつつ秀吉に対する戦いに立ち上がったのである。

このときの家康の決起は、信雄の不満を利用し、強大化した秀吉にストップをかけ、四国の長宗我部元親らと結び、秀吉包囲の態勢を作ろうとしたのである。

ところが、美濃の池田恒興が予想に反して秀吉についてしまい、家康・信雄連合軍の目論見は完全にはずれとなる。さらに、恒興は犬山城を落としてしまう。

このとき、秀吉軍十万に対し、家康・信

雄連合軍は三万で、圧倒的に劣勢であった。しかし家康は小牧山を修復してそこに本陣を置いた。

3月17日、秀吉方の森長可（もりながよし）が功を焦って尾張の羽黒に陣を進め、そこで家康の部将酒井忠次（さかいただつぐ）と戦い、秀吉方が敗れて退く「羽黒の陣」が起こる。

その頃、秀吉本人はまだ大坂にいた。紀州の鎮圧に手まどっていたからである。しかし、羽黒での敗戦の報を耳にすると、急遽、尾張へ出陣することになり、大軍を率いて犬山城に入り、さらに28日には、家康の本陣小牧山近くの楽田に布陣したのである。

こうして、秀吉の大軍と、家康・信雄の連合軍が対峙することになった。ここまでの争いが「小牧の戦い」と呼ばれている。

城跡は今は大きく破壊され、一部城郭が残るのみのため「幻の城」と記載されている。左上は永井直勝公の永井家の家紋「一文字三星」、左下は土井利勝公の土井家の家紋「六つ水車」、右上は足利成氏公の古河公方・足利家の家紋「丸に二つ引両」、右下は小笠原秀政公の小笠原家の家紋「三階菱」が配されている。下部の図は古河城天守である御三階櫓のデザイン画。

頒布場所DATA

販売場所	古河のお休み処　坂長
販売価格	300円（税込）

永井直勝が主な拠点とした古河城。天守（御三階櫓）が存在した場所は茨城県古河市の渡良瀬川河川敷三国橋と新三国橋の中間地点といわれている。

長久手の戦いで、家康軍が陣を張り、軍議を開いたといわれる色金山（国指定史跡）。床几代わりにして軍議を開いたといわれる「床几石」などがある。

「長久手の戦い」は、天正12年3月の小牧の戦いの延長上にある。この長久手の戦いも含めて「小牧・長久手の戦い」として一つの戦いに数えることが多い。

小牧の戦いでは、秀吉軍は数の上で圧倒的有利でありながら、敵地に入りこんでいるという点で、下手をすると後方との連絡が断たれる危険があり、家康・信雄軍は、地の利はあるが劣勢であり、どちらも手は出せない膠着状態が続いていた。

4月7日、秀次（ひでつぐ）を大将とし、池田恒興・同元助（もとすけ）・森長可・堀秀政（ほりひでまさ）らは1万6000の軍

激戦地となった地は現在、古戦場公園となっている。池田恒興の戦死地とされる「勝入塚」、恒興の長男で父とともに戦死した元助（仮名庄九郎）の塚がある。

勢でひそかに南下し、三河へ向かった。

ところが、この別働隊の動きは家康の知るところとなり、家康はまず榊原康政・大須賀康高らに4500の兵をつけて先発させ、8日の夜半には、家康自らもひそかに小牧山を出、矢田川の北岸の小幡城に入り、翌9日午前8時頃、先発隊の榊原康政らの軍と連絡をとりつつ、秀次軍を挟み撃ちにした。

秀次軍は全く予期していなかった家康軍の待ち伏せによって崩れ、池田恒興・元助父子をはじめ、森長可も戦死。大将秀次は命からがら逃げ帰るという大敗を喫する結果となった。

このときの戦いで秀次軍に2500余、家康軍に590余の犠牲者が出たという。秀吉が家康の動きを知って軍を動かしたときにはもう遅く、小幡城に兵をおさめ、さらに小牧山にもどってしまった。

結局、秀吉は家康に対して何らなすところなく、再び持久戦にもちこまれてしまったのである。

そこで秀吉は、まず信雄と講和を結んだ。秀吉と信雄が和睦してしまった以上、家康には戦いを続ける名分がなくなり、11月21日、やむなく兵を浜松城に戻すこととなる。

小牧・長久手の戦い 特別御城印
金の箔押し文字に、家康と秀吉の家紋が配されている。
（一財）こまき市民文化財団提供
※完売し、現在は販売していません。

頒布場所DATA

販売場所	れきしるこまき（小牧山城史跡情報館）・小牧市歴史館の各受付窓口
販売価格	500円（税込）

夏の陣最大の激戦

大坂の陣・道明寺合戦

おおさかのじん・どうみょうじかっせん

❶真田氏の家紋「六文銭」が配置されている。

❸墨戦印「道明寺合戦」。墨絵師御歌頭氏による墨絵が描かれている。

❷後藤又兵衛の家紋「下り藤」が配置されている。

❹伊達政宗の家紋「竹に雀」が配置されている。

頒布場所DATA

販売場所	戦国魂
販売価格	非売品※墨将印第10弾コンプリートセットを購入するともらえる。

豊臣家の滅亡で決着した戦国時代最後の大戦

関ヶ原の戦いで勝利を得て、天下の権を取った家康。依然として地位は一家老に過ぎなかったが、征夷大将軍への就任を機に豊臣秀頼との立場は逆転した。慶長10年(1605)、子の秀忠に将軍職を世襲させ、秀頼に政権を返さない意向を示すと、豊臣方は政権奪還のため、ひそかに戦の準備を始めた。ことは、方広寺鐘銘事件をきっかけに大きく進展。家康の要求を秀頼が拒んだため、慶長19年(1614)、二度にわたる大坂の陣が開戦する。

冬の陣では、家康方総勢20万に対し、豊臣方は即席軍勢ながらも10万超えの軍で籠城。10月15日、家康は大和路、秀忠は河内路から大坂に向かい、城を包囲して戦が始まったのは11月19日のことである。

家康軍は緒戦で大勝したが、今福・鴫野の戦いでは苦戦。一方、豊臣方の真田信繁(のぶしげ)は大坂城に築いた出城、真田丸で善戦。冬の陣における最大規模の激戦となった。

力押しでの勝利は難しいと考えはじめた家康に対して、完敗が続き、期待した家康軍からの寝返りもなかった豊臣軍も敗北を意識。家康はその空気を見越したかのように城中へトンネルを掘り、天守を大砲で攻撃し始める。連日連夜の大砲の轟音と続出する怪我人により、遂に豊臣方は、家康軍の提起した講和交渉に応じた。

浮世絵武将印「真田信繁」
浮世絵風イラストと、「真田日本一の兵」の文言、真田氏の家紋「六文銭」がデザインされている。

頒布場所DATA

販売場所	二ノ丸茶屋（白河小峰城内）
販売価格	300円（税込）

講和の条件は、大坂城の二の丸、三の丸、そして真田丸を含む総構えの破却であった。豊臣方は、この堀の埋め立て工事を自ら行うとして同意。時間をかけ、家康の死を待つ算段だったが、実際には徳川方に瞬く間に埋められてしまった。その間につきつけられた〝転封に応じるか、浪人を放逐せよ〟という家康からの要求。これも到底受け入れずに黙殺したところ、その態度を重く受け取った家康は、再度大坂に軍を向けた。いわゆる大坂夏の陣である。

10万を超える大軍だった豊臣方も講和後、退城した者や戦死者も多く、その半数程に減っていた。それに対し、家康軍は15万の大軍である。真田信繁は先の戦と同様、出撃作戦を提案したが採用されず、再度籠城戦となった。

勝ち目はないと考えた信繁は毛利勝永、後藤又兵衛らと道明寺付近で奇襲を計画するも、作戦は失敗。肝心の真田隊、毛利隊が間に合わず、わずか２８００ほどの兵力で奇襲をかけることになった後藤又兵衛は、壮絶な斬死を遂げた。遅れて到着した真田隊・毛利隊は誉田村付近で戦った。同時に八尾・若江方面でも戦があったが、城外の戦は限界とみて全軍城内に撤退。天王寺口に真田信繁・毛利勝永・大野治長、岡山口は大野治房が待機した。

兵力差から決着は簡単につくと思われたが、実際は捨て身で臨んだ豊臣軍が健闘。家康軍は、恩賞に期待を持てなかったのか、士気が低下していたと思われる。しかし、多勢に無勢で豊臣方は徐々に追いつめられ、圧倒的に不利な状況だった。そんな中真田信繁隊だけが、家康の首を狙い、形勢逆転を図っていた。一時は家康も自刃を覚悟したほどであったという奮戦もむなしく、かえって自分の首を取られてしまう。結局、戦の前に家康が豪語したように、決着は3日間でついてしまったのである。

その後、豊臣方は大坂城に総退却。勢いづいた徳川方は城内へ侵入し、大坂城は落城した。翌5月8日、井伊直孝隊の攻撃により秀頼・淀殿母子は自刃。秀頼の子、8歳の国松丸は京都の六条河原で斬首された。

この戦いで、遂に豊臣家は滅亡。この後、大きな戦いは行われなくなり、徳川家の盤石の体制ができあがることになったのである。

武田軍と織田・徳川連合軍が激突！

長篠・設楽原の戦い

ながしの・したらがはらのたたかい

❶戦の様子がシルエットで描かれている。

❷中央には「参河国設楽原古戦場」の印が配置されている。

❸設楽原決戦場の来場記念の印。

頒布場所DATA

販売場所	設楽原歴史資料館
販売価格	300円（税込）

鉄砲隊を活用した織田信長と最強騎馬隊・武田勝頼の油断

天正3年（1575）5月、武田勝頼（たけだかつより）は、三河の長篠城を攻め、城を包囲した。城を守っていた奥平信昌（おくだいらのぶまさ）は、浜松城の徳川家康に後詰を要請した。

勝頼は、前年に、父・武田信玄が落とせなかった徳川の有力支城の一つ高天神城（たかてんじんじょう）を落とし、勢いづいていた。

家康は、自軍だけでは勝ち目がないと、織田信長に援軍を求めた。高天神城のときも、信長は家康に応援を求められていたのに間に合わなかった。今度も畿内の戦に忙殺されていたが、再び遅れれば家康の信頼を失うと考えたのか、今回はすばやく動いた。

まず、千挺とも三千挺ともいわれるたくさんの鉄砲と馬防柵（ばぼうさく）用の木材を用意して家康がいる岡崎城に向かった。いずれも戦国最強といわれた武田の騎馬隊に備えてのものだった。

通説では、織田・徳川連合軍3万8千、武田勝頼軍1万5千ということだが、後年の研究では、その半分程度とされる。戦場となった設楽原の広さ（狭さ）を考えると、それが妥当と思われる。

連合軍は、兵の数が倍以上であっても、すぐに長篠城へは向かわず、途中の設楽原の連吾川（連子川）の西側に陣を張り、ここに武田軍を呼び込む作戦を取った。そのために、川の西側の丘陵部に空堀（からぼり）を掘り、土塁を築き、崖を作った。そして、連吾川と丘陵部の間に柵を築いた。いずれも騎馬軍対策であった。

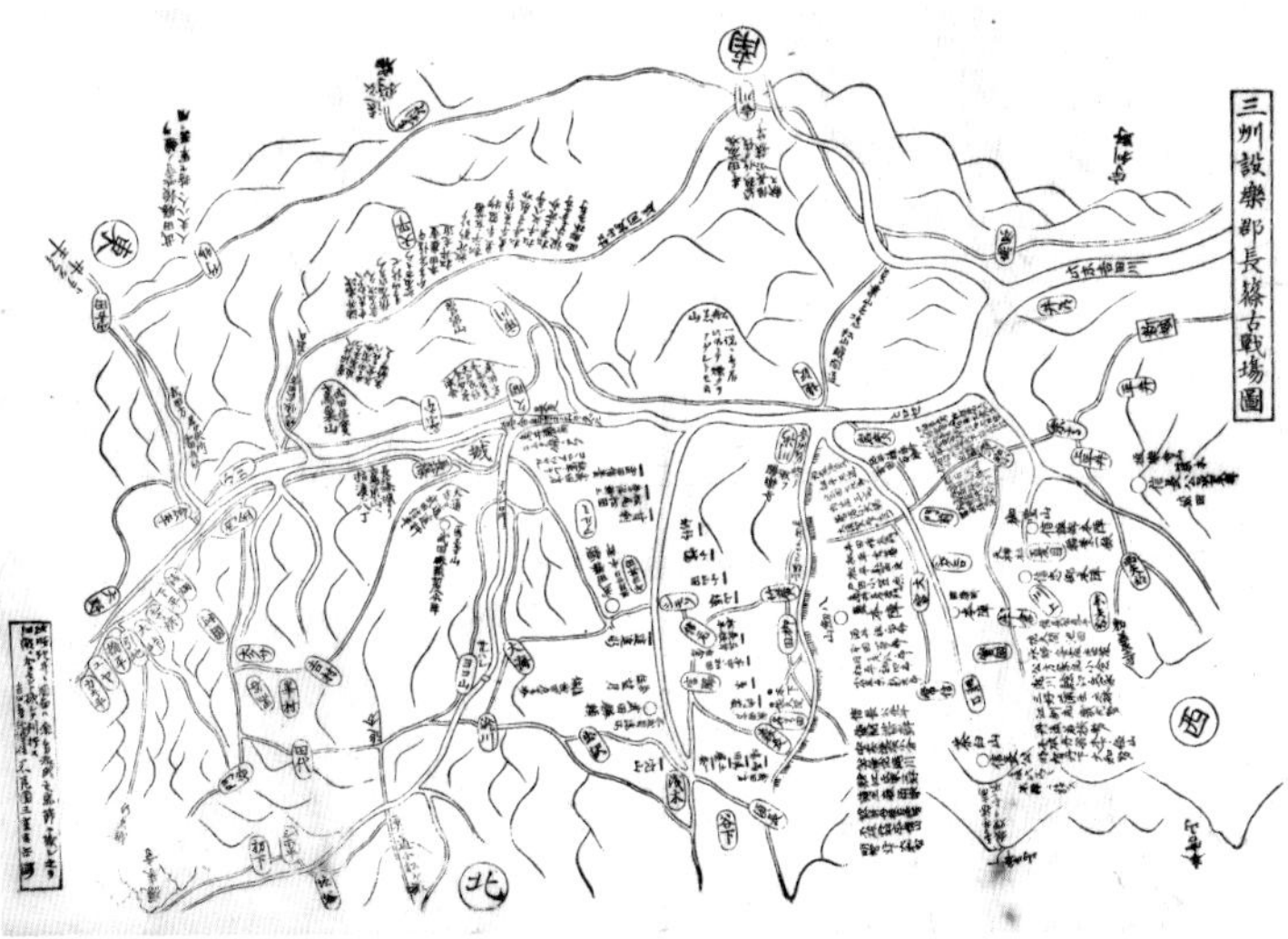

そして、世にいう「三段式装填法」という画期的な鉄砲使用を考案・実行した。当時、弓は有効距離50メートルだが、連射が可能。一方、鉄砲の有効射程距離は２００メートル。鎧を身に着けていれば、１００メートルでなければ、相手を倒せなかった。

それでも脅威ではあるが、馬は、１００メートルの距離であれば20秒ほどで到達する。鉄砲を一発撃つと、筒内の火薬の掃除を行い、火薬と弾を込め、弾が落ちないよう紙を詰め、口火のところにも火薬を入れる。その間、熟練しても20秒はかかった。

つまり、一発撃てば、後は役に立たなくなる。そのため、当時、戦で使われてはいたものの、重要な武器ではなかった。

そこで、信長は考えた。鉄砲足軽三人が一組になり、一列目が弾を発射すると、三列目の後ろにつき、準備を整えていた二列目が前に出て次に撃つ。一列目の人は三列目が撃ち終わる前までに、次の準備を整える。この繰り返しで、連続して弾を撃つことができるようになったのだ。

『設楽原布陣図』（設楽原歴史資料館所蔵）

長篠城跡。現在は建物は残っていないが、内堀と土塁が一部残されている。

馬防柵と空堀、土塁を上手に活用して騎馬隊の接近を阻み、その間、弾を撃ちまくる。信長の作戦勝ちだ。

それにしても、なぜ、勝頼らは、設楽原まで誘い出されたのか？　一つは、勝頼が先の戦に勝利したことで自信過剰になり、かつ鉄砲隊を甘く見ていたこと。そして、家康の重臣・酒井忠次が長篠城近くの鳶ヶ巣山にある勝頼軍の砦を奇襲したこと。さらにもう一つは、信長の謀略だ。信長の重臣佐久間信盛が、寝返ったふりをして、「武田軍が設楽原に出てきたら、信長を攻撃する」と約束したのを真に受けたから、という説が有力だ。

その結果、武田軍は敗退。勝頼は生き延びたものの、重臣の多くが死んだことで、急速に力が衰えた。

一方、信長は、家康の信頼を取り戻し、家康が遠江・三河を制圧できたことで、東方の脅威もなくなり、信長は、大坂本願寺との戦いに集中できるようになった。

また、合戦の道具として鉄砲の評価が高まり、同時に鉄砲に備えて、城作りも石垣が多く用いられるようになるなど、戦の在り方が大きく変わるきっかけとなった。

古戦場探訪
三河国
長篠・設楽原の戦
一五七五年（天正三年）
織田信長
徳川家康
武田勝頼

古戦場探訪 合戦印「長篠・設楽原の戦」
御朱印調にデザインされたシールの合戦印。信長と家康、勝頼のそれぞれの名前と家紋がデザインされている。

頒布場所DATA

販売場所	・エコグッズ.ビズ https://ecogoods.biz/ ・ホテルサンルート彦根
販売料金	330円（税込）

『種子島銃』（設楽原歴史資料館所蔵）

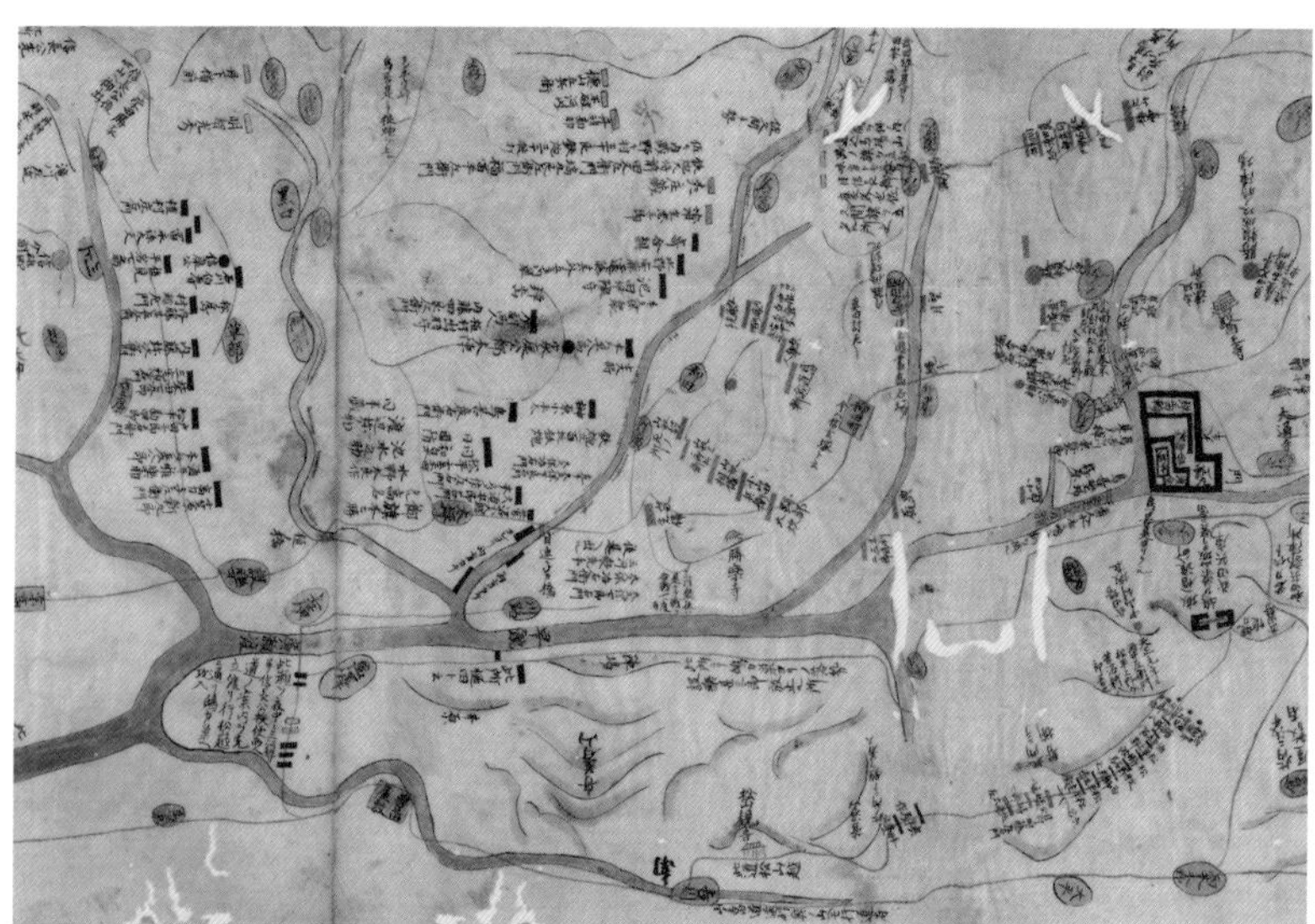

『設楽原布陣図』（宗堅寺所蔵）

新城七名城 登城記念御朱印

P58の「設楽原決戦場」御朱印とともに、新城市にある3つの資料館にて販売されている御朱印。

柿本城

井伊谷三人衆の一人、鈴木重時ゆかりの城である柿本城の御城印。中央には「参河国八名郡柿本城」の印が配されている。

頒布場所DATA

販売場所	長篠城址史跡保存館
販売価格	300円（税込）

古宮城

武田信玄が築城し、馬場信春が縄張り設計を行ったという古宮城。左上には「武田菱」が配置されている。

頒布場所DATA

販売場所	作手歴史民俗資料館
販売価格	300円（税込）

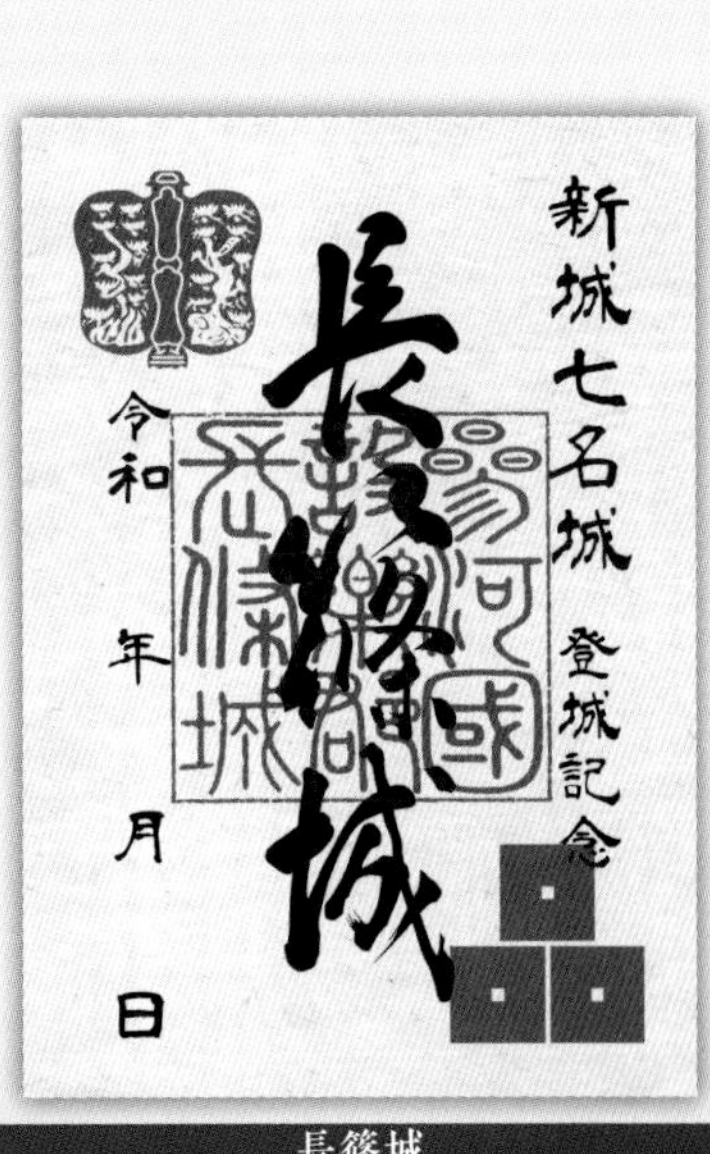

長篠城

題字は本丸跡に立つ石柱の字より、奥平信昌公の子孫である奥平昌恭公によって書かれたものを採用。左上は奥平氏の家紋「奥平軍配団扇」、右下は築城者菅沼氏の家紋「三釘抜」。中央には「参河国設楽郡長篠城」印がある。

頒布場所DATA

販売場所	長篠城址史跡保存館
販売価格	300円（税込）

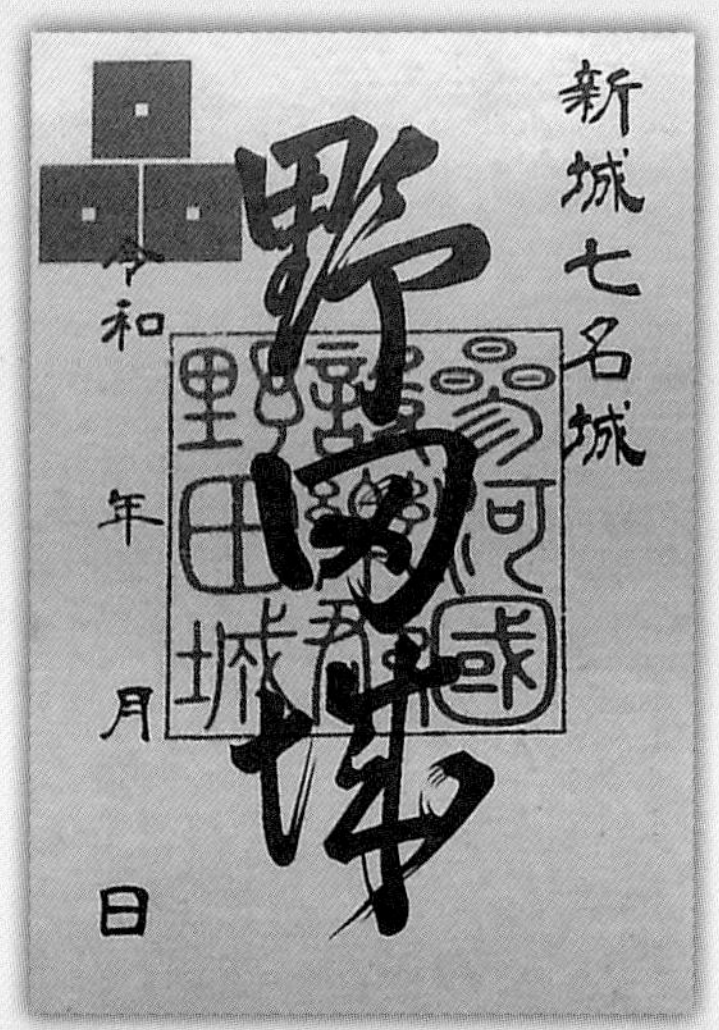

野田城

菅沼定則が築城した野田城。たびたび戦地となり「野田の戦い」では武田軍との籠城戦を強いられている。左上には菅沼氏の「菅沼三釘抜」が配置されている。

頒布場所DATA

販売場所	設楽原歴史資料館
販売価格	300円（税込）

新城城址

長篠・設楽原の戦いで勝利した奥平貞昌が築城し、後に菅沼氏の子孫が治めた。左上に菅沼氏の「菅沼三釘抜」、右下に奥平氏の「奥平軍配団扇」が配置されている。

頒布場所DATA

販売場所	設楽原歴史資料館
販売価格	300円（税込）

亀山城

応永31年（1424）に奥平貞利が築城。奥平氏5代が居城し栄えた。左上には奥平氏の「奥平軍配団扇」が配置されている。

頒布場所DATA

販売場所	作手歴史民俗資料館
販売価格	300円（税込）

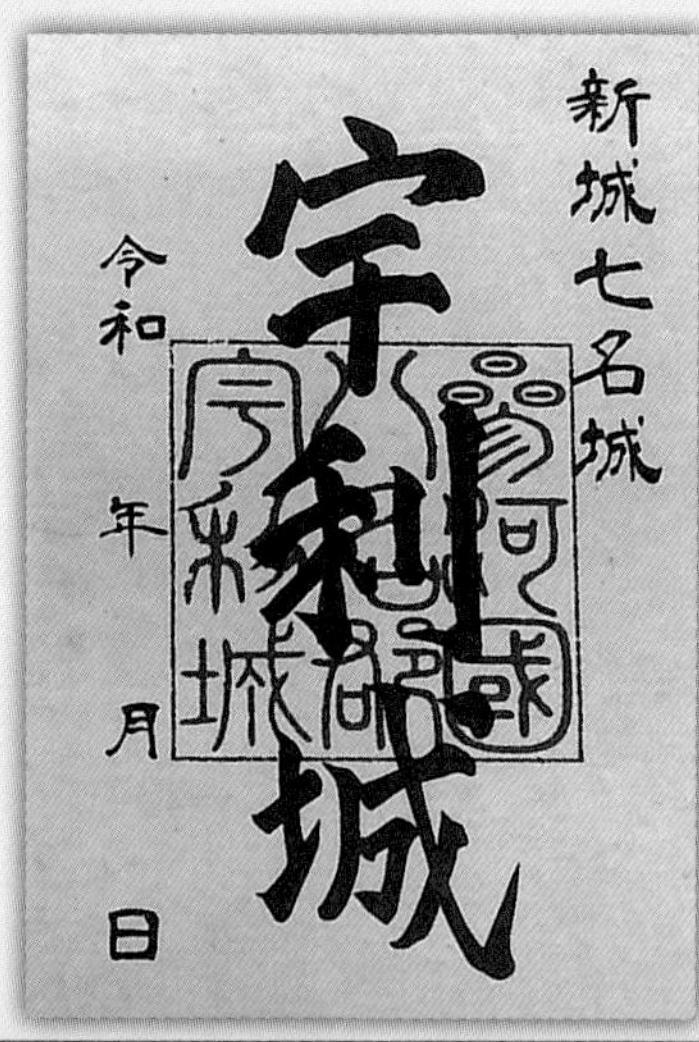

宇利城

熊谷重実が文明年間に築城したと伝わる。「宇利城の戦い」で松平清康に攻められ、その後菅沼定則らが入城した。

頒布場所DATA

販売場所	設楽原歴史資料館
販売価格	300円（税込）

設楽原古戦場武将印

設楽原古戦場で活躍した武将たちにちなんだ武将印。陣地を置いた場所の地名や、亡くなった武将のお墓のある場所が記してある。イラストは、イラストレーターのすずき孔氏が描いている。

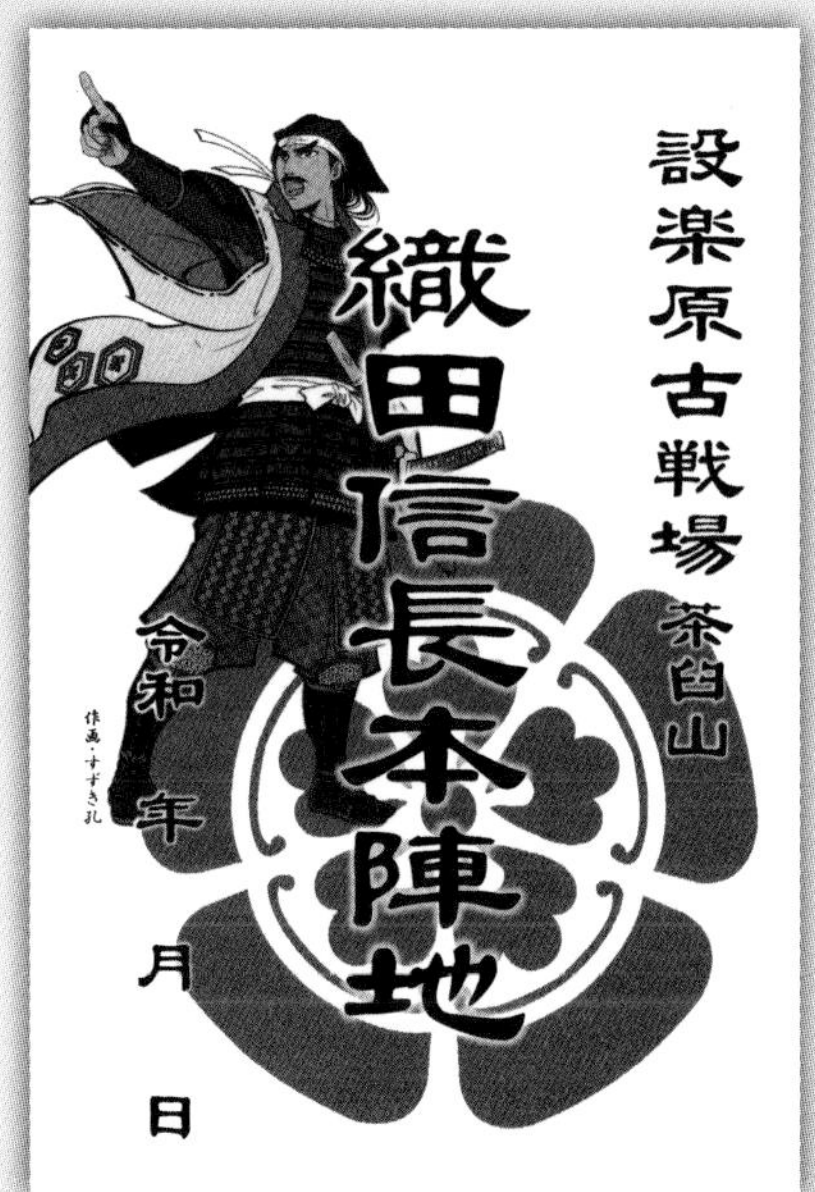

織田信長本陣地

茶臼山に置かれた信長の本陣の印。信長のイラストと家紋「織田木瓜」が描かれている。

徳川家康本陣地

弾正山に置かれた家康の本陣の印。家康のイラストと家紋「三つ葉葵」が描かれている。

頒布場所DATA

販売場所	設楽原歴史資料館
販売料金	300円(税込)

羽柴秀吉陣地

秀吉は信長の本陣地の北側、「はたぼこ」と呼ばれる一帯に陣を敷いた。秀吉のイラストと家紋「五七の桐」が描かれている。

武田勝頼本陣地

長篠の戦いでは勝頼は医王寺に本陣を置いた。勝頼のイラストと家紋「武田菱」が描かれている。

山県昌景之墓

武田二十四将の一人とされる昌景は、長篠の戦いで討ち死にし葬られた。印にはイラストと家紋「桔梗紋」が描かれている。

酒井忠次

酒井忠次率いる織田徳川連合軍は武田信実の鳶ヶ巣山砦を奇襲し、包囲網を崩壊させた。イラストと家紋「丸に片喰紋」が描かれている。

馬場信春之墓

勝頼のしんがりを守りぬいて戦死した信春の墓の印。イラストと家紋「花菱」が描かれている。

奥平信昌

天正3年(1575)2月、家康の命により奥平信昌が長篠城主となった。イラストと奥平氏の家紋「奥平軍配団扇」が描かれている。

本多忠勝

本陣めがけて突進する山県昌景隊を迎え撃った忠勝。印にはイラストと家紋「丸に立葵」が描かれている。

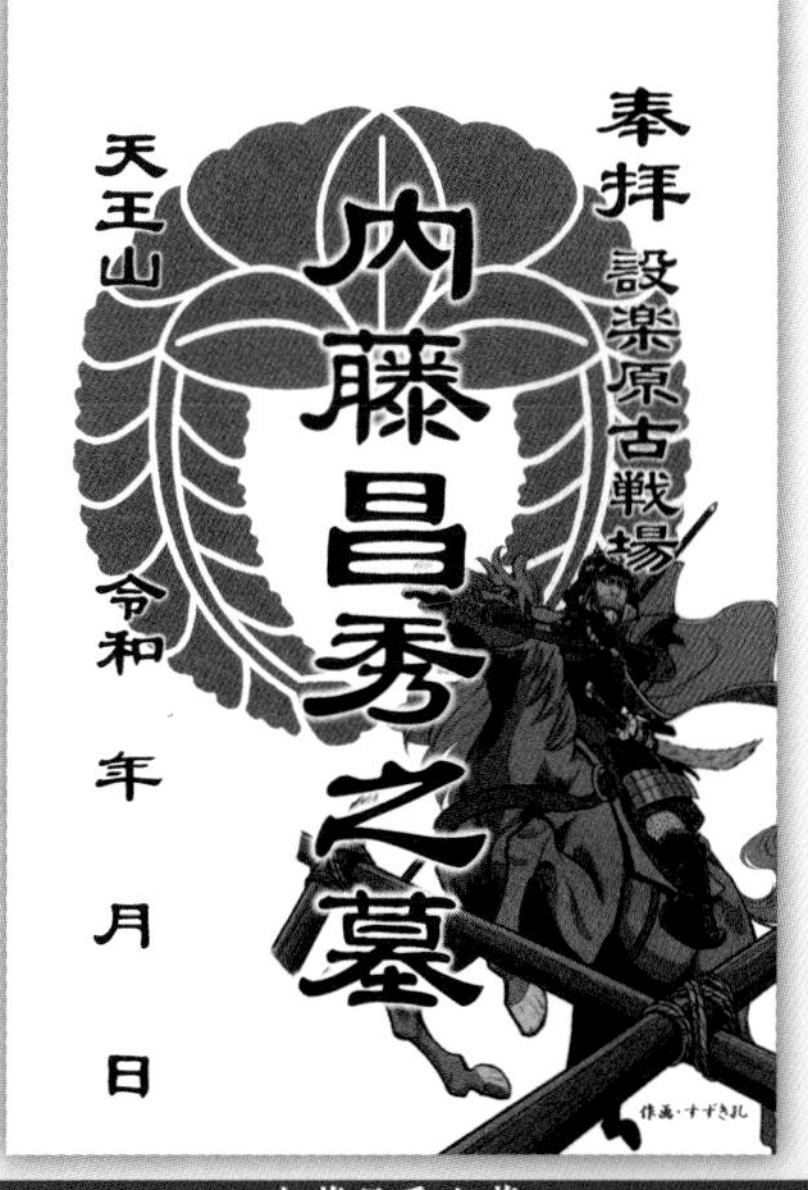

内藤昌秀之墓

武田二十四将の一人とされる昌秀は天王山にて討ち死にした。イラストと家紋「下がり藤」が描かれている。

信長と秀吉が行った紀州征伐

紀州攻め（きしゅうぜめ）

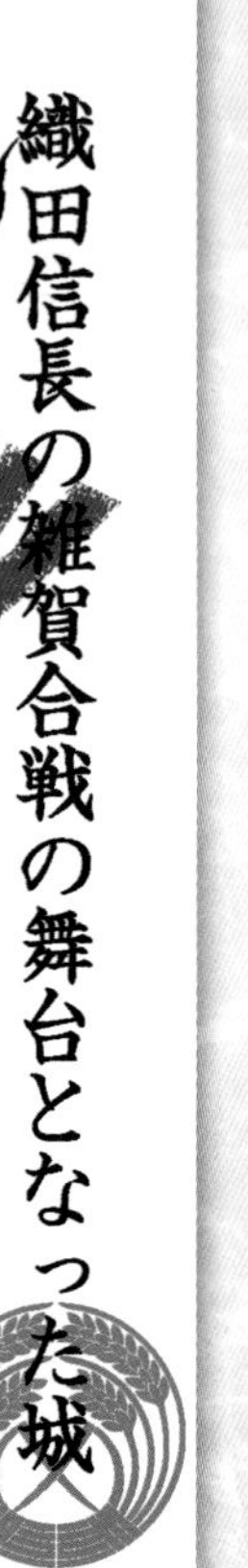

❶中央には雑賀衆を率いていた雑賀孫市の家紋「八咫烏」が配置されている。

❷織田信長の雑賀合戦の舞台となった紀伊弥勒寺山城の御城印。

❸雑賀孫市の本姓である鈴木氏の家紋「抱き稲紋」が配置されている。

頒布場所DATA

販売場所	紀州九度山真田砦および紀州戦国屋オンラインショップ
販売価格	1000円（税込）※紀伊 雑賀城・紀伊 太田城（P76）とのセット

紀伊の在地領主・雑賀衆を討つべく 信長による第一次紀州攻め

応仁・文明の乱以後、紀伊国に、所領を持つ土豪や小領主の連合による自治組織が結成された。それは、雑賀荘、十ヶ郷、中郷、南郷、宮郷の五つの地域で構成され、雑賀衆と呼ばれる武装組織となった。

一方、同じように自前で武装した集団があった。それが、寺の僧侶による僧兵だ。高野山金剛峯寺（和歌山県高野町）を中心に、根来寺（和歌山県岩出市）、粉河寺（和歌山県紀の川市）などは、多数（数万とも）の僧兵とともに広大な寺領を有し、大きな権力を持っていた。

しかし、こうした治外法権的な自主独立した勢力は、天下統一を目指す織田信長や豊臣秀吉にとっては目障りな存在だ。

そこで、信長は、まず雑賀衆を討つべく、紀州征伐を行った。天正5年（1577）2月9日、10万余の大軍を率いて安土城を出陣した信長は、2月17日に貝塚の戦い、22日に孝子峠の戦い、さらに中野城の戦い、3月1日に平井城の戦いと立て続けに雑賀衆に攻め勝ち、ついに雑賀荘に入って、雑

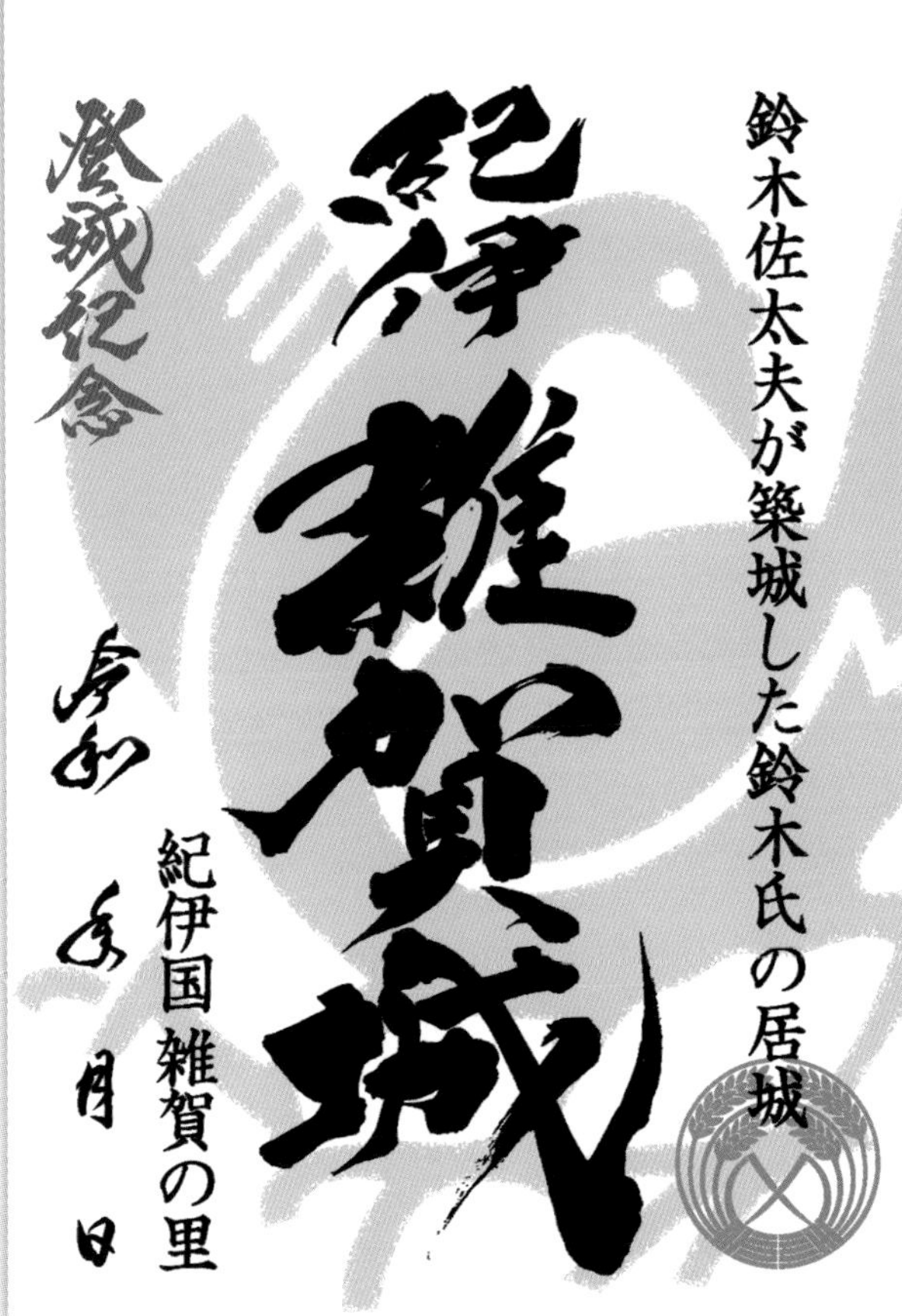

鈴木左太夫が築城した鈴木氏の居城。雑賀孫市の家紋「八咫烏」と鈴木氏の家紋「抱き稲紋」が配置されている。

賀川を挟んで対峙した。しかし、雑賀川を渡河することができず、和解して兵を退いている（雑賀川の戦い）。

その後の同年閏7月の雑賀の戦いでは、むしろ雑賀衆が有利な形のまま終わった。

信長は、次に高野山攻めを行った。高野山金剛峯寺が、信長を裏切った荒木村重の家臣を匿ったことを口実に、天正9年（1581）8月25日に包囲すると、10月5日には、高野山七口から総攻撃を掛けた。しかし、寺側も果敢に応戦して戦闘は長期化し、本能寺の変が起こって、決着がつかないまま高野山包囲は終了してしまう。

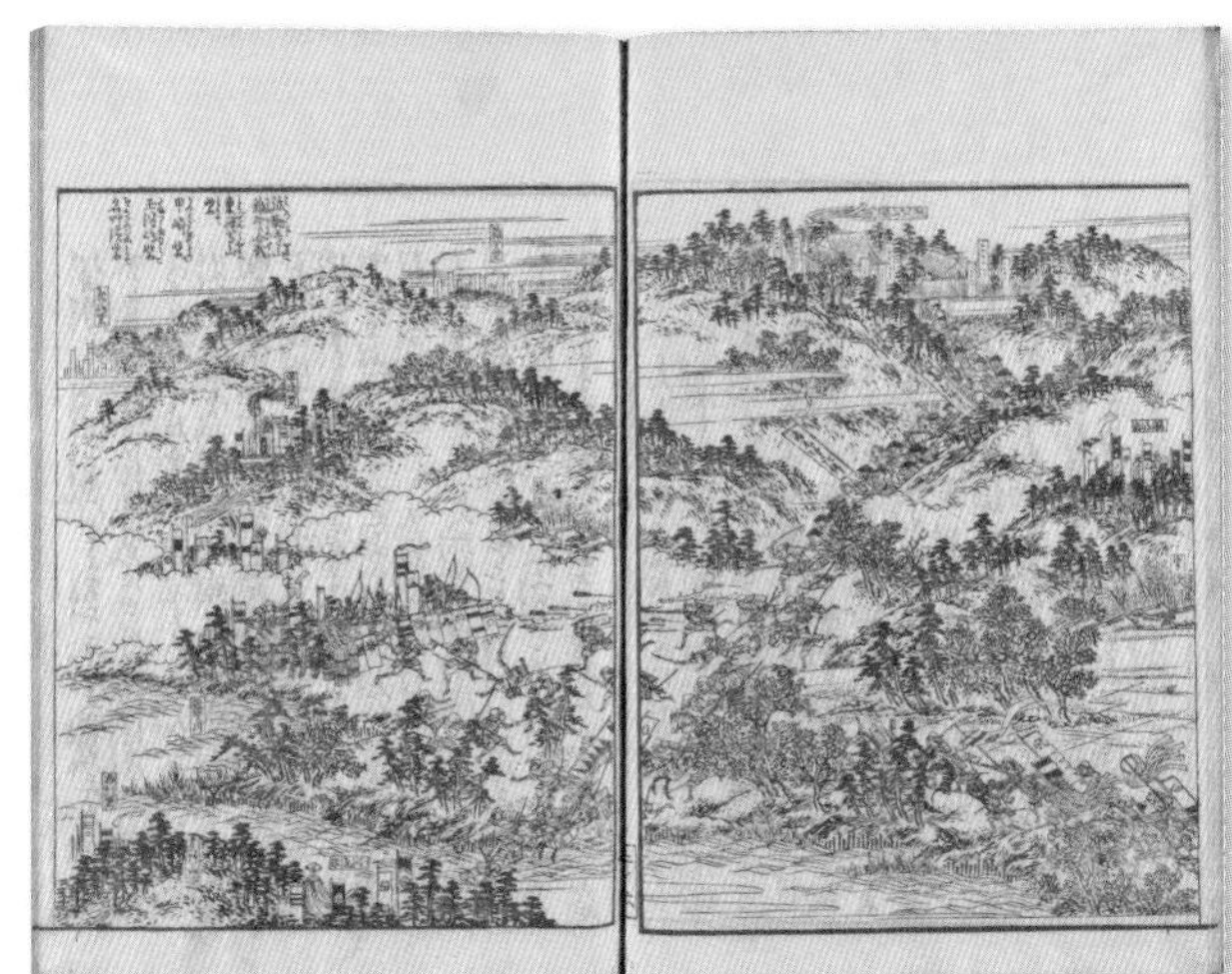
『紀伊国名所図会』の雑賀合戦の図。

信長の果たせなかった紀州平定を秀吉が成しとげる

今度は、秀吉が紀州征伐を行った。秀吉も6万とも10万ともいわれる大軍を率い、天正13年（1585）3月21日、根来寺の出城の和泉千石堀城を攻める（千石堀城の戦い）。

根来寺の僧兵（根来衆）らが応戦するが、完敗。同日、積善寺城でも戦闘が始まり、ここも開城させた（積善寺の戦い）。

また、雑賀衆が守る澤城にも攻撃を仕掛け、陥落させた（澤城の戦い）。23日には、根来寺も炎上した（根来寺の戦い）。戦国随一といわれた根来衆・雑賀衆の鉄砲隊も、大軍の前にはなすすべもなかった。

秀吉は、最後に、雑賀衆太田党の総帥・太田左近宗政が守る太田城を水攻めにし、4月22日に開城させた。

高野山金剛峯寺も4月16日に降伏を受け入れていたので、紀州は、これですべてが平定されたのである。

熊野街道を押さえる織豊系の陣城

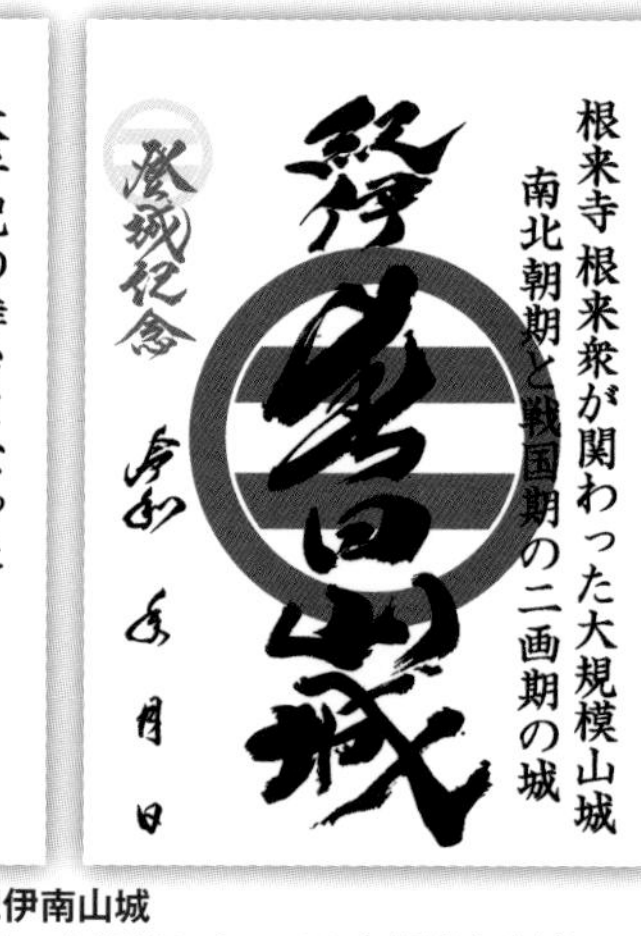

太平記の舞台となった
紀州においては大規模な山城

紀伊和佐山城・紀伊春日山城・紀伊南山城

紀伊和佐山城は太平記の舞台となった紀州においては大規模な山城で、秀吉の紀州攻め、大坂の陣の際には地元の者が籠もって応戦したと伝わる。春日山城も南北朝期と戦国期の二画期の城である。南山城は熊野街道を押さえる要所として織豊期に陣城として機能していたと伝わる。

頒布場所DATA

販売場所	紀州九度山真田砦および 紀州戦国屋オンラインショップ
販売価格	1000円（税込）※3枚セット

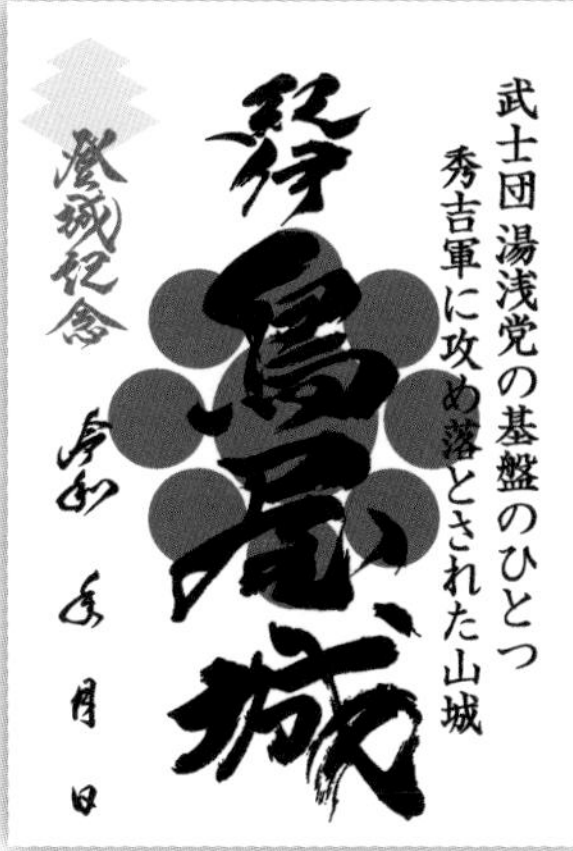

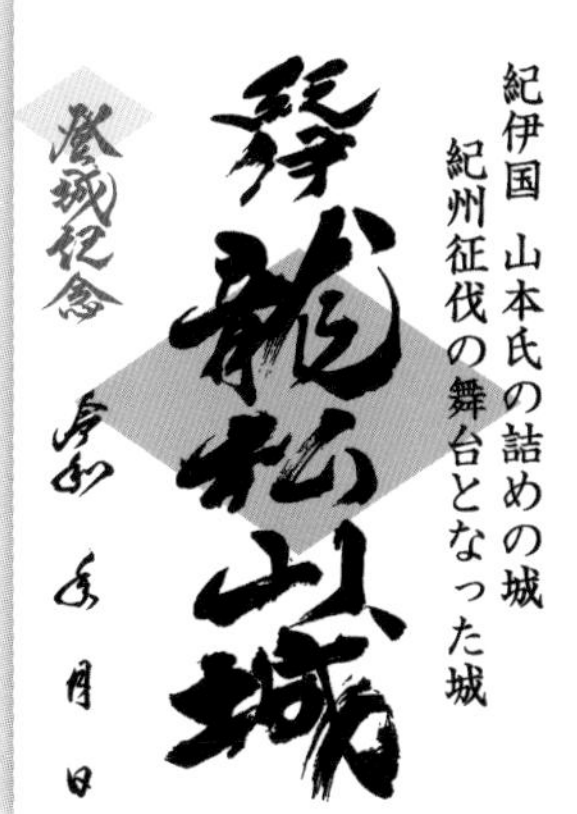

紀伊鳥屋城・紀伊亀山城・紀伊龍松山城
秀吉の紀州征伐の舞台となった紀伊鳥屋城・紀伊亀山城・紀伊龍松山城の御城印。

頒布場所DATA

販売場所	紀州九度山真田砦および 紀州戦国屋オンラインショップ
販売価格	1000円（税込）※3枚セット

紀伊手取城・紀伊大野城・紀伊安宅勝山城
手取城は玉置氏の居城で、和歌山県下屈指の中世山城である。紀伊大野城は紀伊国守護畠山氏の居城で、勝山城は熊野を本拠とした安宅水軍の城である。

頒布場所DATA

販売場所	紀州九度山真田砦および 紀州戦国屋オンラインショップ
販売価格	1000円（税込）※3枚セット

高野山を舞台に行われた

高野山攻め（金剛峯寺の戦い）

こうやさんぜめ（こんごうぶじのたたかい）

❶織田軍の本陣があった鉢伏山城の御城印。左上と中央には織田氏の家紋「織田木瓜」が配置されている。

❷織田方の総大将織田信孝の名が書かれている。

❸高野山金剛峯寺の寺紋「左三つ巴」が配置されている。

頒布場所DATA

販売場所	紀州九度山真田砦 および紀州戦国屋 オンラインショップ
販売価格	1600円（税込） ※「高野七砦」＋織田軍本陣8枚セット

神仏を恐れぬ織田信長
高野山金剛峯寺をも包囲する

僧兵とは、寺院僧徒が武装し、集団化したものだ。平安時代末期に、白河法皇が「賀茂川の水、双六の賽、山法師、是ぞ朕が心に随（したが）わぬ者」と述べた話は有名だ。この山法師は僧兵を指す。

戦国時代に入ると、僧兵は、武士をも圧倒する力を持つようになり、織田信長も僧兵に手を焼いていた。

特に、比叡山延暦寺（ひえいざんえんりゃくじ）（天台宗）、高野山金剛峰寺（真言宗）、大坂本願寺（一向宗）などは、寺領も広大で、高野山では、寺領17万石を有していたとされている。

天下統一を果たすには、これら寺社を掌握しなければならなかった。

信長の高野山攻めには虚実入り乱れわからないことも多いが、きっかけは信長に対し謀反を興した荒木村重の家臣らが匿われていることをつかんだことにあるという。

信長は、天正8年（1580）8月20日、堺の代官・松井友閑（まついゆうかん）に命じて、引き渡しを命ずる使者を出した。

しかし、高野山側はこれを拒否。さらに

探索に来た足軽32人を殺害してしまった。これに激怒した信長は、高野聖と呼ばれる諸国を勧進遊行していた僧侶を捕らえ処刑する見せしめを行った。その数、1383名とも伝えられている。

本能寺の変が起こり難を逃れた高野山

天正9年（1581）10月5日、信長の三男で、神戸家に養子に入った神戸信孝を総大将に、およそ13万人ともいわれる兵が、高野山に通じる7つの口を封じ包囲する。

高野山側も、僧兵に加え地侍や諸国の浪人らをかき集め3万6千の軍勢を整えて、茶臼山城（和歌山県紀の川市西脇）を拠点に防御を固め、さらに前線に位置する二見城（奈良県五條市二見）や坂合部城（五條市坂合部新田町）に立て籠もり、織田勢の襲撃に備えた。

戦闘は膠着し、小競り合いが続いた。天正10年（1582）3月3日、寺側約50人が、織田勢が築城した多和城を夜襲すると、織田勢は寺尾壇の砦を攻撃、城将の高僧・医王院が討ち死にする。

さらに同月、今度は織田勢が麻生津口の飯盛山城を攻撃すると、寺側は大将・南蓮上院弁仙らがこれを防ぎ、131名の首を取った。

そして、6月2日夕刻に、高野山に本能寺の変の情報がもたらされる。織田勢は撤退して、高野山は難を逃れた。

しかし、今度は、豊臣秀吉が紀州攻めを行うとこれには抗しきれず、高野山も天正13年（1585）4月に降伏する。その後、秀吉は、「刀狩り」を行って、農民や寺の武器を取り上げたのである。

高野山を含む紀伊山地の風景。

「高野七砦」御城印

高野攻めの舞台となった「高野七砦」。それぞれ城将の名と、織田氏の家紋、高野山金剛峯寺の寺紋が配置されている。P66の織田軍本陣鉢伏山城とセットで販売されている。

頒布場所DATA

販売場所	紀州九度山真田砦 および紀州戦国屋オンラインショップ
販売価格	1600円（税込）※「高野七砦」＋織田軍本陣8枚セット

西の脇庵の砦

城将の西方院覚心の名と両軍の紋が配置されている。

寺尾壇砦

城将の医王院正算の名と両軍の紋が配置されている。

龍門山雲路砦

城将の大光明院覚乗の名と両軍の紋が配置されている。

雨壷山砦

城将の橋口隼人重藤の名と両軍の紋が配置されている。

九度山槙の尾砦

城将の智荘院応政の名と両軍の紋が配置されている。

薬師山砦・西尾山砦

東西二砦を合わせて一つと数える。城将の金光院覚応・金光院快応の名と両軍の紋が配置されている。

地蔵ヶ峰砦

城将の三法院長政の名と両軍の紋が配置されている。

秀吉が自ら軍を進めて行った水攻め

太田城の戦い（おおたじょうのたたかい）

❶太田城史跡顕彰保存会が発行している「太田城来訪記念証」。中央には太田城「城紋」を配置。

❷背景には江戸時代に描かれた「総光寺由来并太田城水責図（総光寺所有、和歌山市文化財指定）」を配置。

❸「日本三大水攻乃戦」「紀伊雑賀惣国」と書かれている。書は太田城ゆかりの女性書家が揮毫。

頒布場所DATA

販売場所	観光交流センター（JR和歌山駅地下わかちか広場内）
販売価格	300円（税込）

水攻めと兵糧攻めで攻略 盤石なる秀吉の対籠城戦法

紀伊国（和歌山・三重県）の北部は、紀北の名で呼ばれているが、その紀北四郡（伊都・那賀・名草・海部）には高野山・粉河寺・根来寺という三大寺院勢力と、太田党・雑賀党という二大在地領主勢力があり、戦国期にはこの5つの勢力がお互いに牽制しあいながら共存し、他からの勢力の侵入を排除していた。

天正12年（1584）の小牧・長久手の戦いの際、根来寺と太田党・雑賀党は家康・信雄連合軍方に味方し、羽柴秀吉に対し抵抗する。

翌天正13年（1585）3月10日、秀吉は懸案だった紀州征伐の軍事行動をおこし、秀長・秀次を副将として、6万（一説に10万）の大軍を率いて、まず和泉（大阪府）の千石堀城を攻め、23日には風吹峠と桃坂の二手から根来寺を攻め、一山を焼き払い、一挙に紀ノ川沿いに進んで太田党の本拠地太田城攻略へと進んだ。

太田城では、城主太田二郎左衛門尉のもと、太田左近らが中心となって羽柴勢を迎

太田城本丸跡に建つ来迎寺。

え撃とうとしていた。守る城兵は、逃れてきた根来寺衆徒や近在の農民たちを含めて5千余だった。

秀吉はまず、顕如上人を動かして太田党に開城勧告を行ったが、太田左近はこれを拒絶した。

そこで秀吉は太田城攻めに踏みきり、まず、堀秀政を先陣に、長谷川藤五郎を第二陣とする3千の攻撃軍を組織したが、この軍勢が紀ノ川の田井の瀬というところを渡ろうとしたところ、太田党の伏兵が突然攻撃を仕掛け、そのため51人が討死をしてしまったのである。

そこで秀吉は、太田城を力攻めで落とすことは困難であると判断し、さきに備中高松城（岡山県高松市）攻めのときに成功させている水攻めに切りかえることにした。

紀ノ川の水をせき止め、それを太田城のまわりに流すという方法で、具体的に堤の設計にあたったのは明石則実といわれている。高さ3メートルから5メートルの堤が約4キロメートルにわたって築かれた。3月25日から築堤にかかったとするので、所伝どおり、4月1日から水を入れはじめたとすれば、驚異的なスピードであったこと

来迎寺の境内に建てられている太田城址碑。

になる。

紀ノ川の水を引いたとたん、太田城のまわりはあたかも湖のようになった。そこに秀吉勢が舟に乗って攻撃を仕掛けるわけであるが、逆に城の方から水練に達者な者が水中にもぐって船底に穴をあけたりしたため、溺死するものが続出してしまった。

しかし、やがて城中の兵糧も尽き、ようやく城兵にも疲れの色が見えてきた。そこで4月12日、秀吉方から蜂須賀（はちすか）正勝（まさかつ）・前野（まえの）長康（ながやす）連名で開城勧告を送りつけたところ、城中では、非戦闘員の婦女子たちまで餓死しはじめる状況で、ついに太田左近はその勧告に応ずることになったのである。

秀吉は降伏の条件として、城兵のうち主だった者51名の切腹を要求した。これは、緒戦で秀吉が失った数である。他の農民たちはいずれも命を助けられ、鋤や鍬、兵糧を与えられ帰村が許されている。

なお、家督を継いだばかりの城主太田二郎左衛門尉は、主導的な立場になかったとして一命を助けられ、城兵らとともに城を退去している。

紀伊 太田城
「日本三大水攻めの城」の一つとして、「武蔵 忍城」「備中 高松城」とともに発行されている御城印。

頒布場所DATA

販売場所	紀州九度山真田砦および 紀州戦国屋オンラインショップ
販売価格	非売品

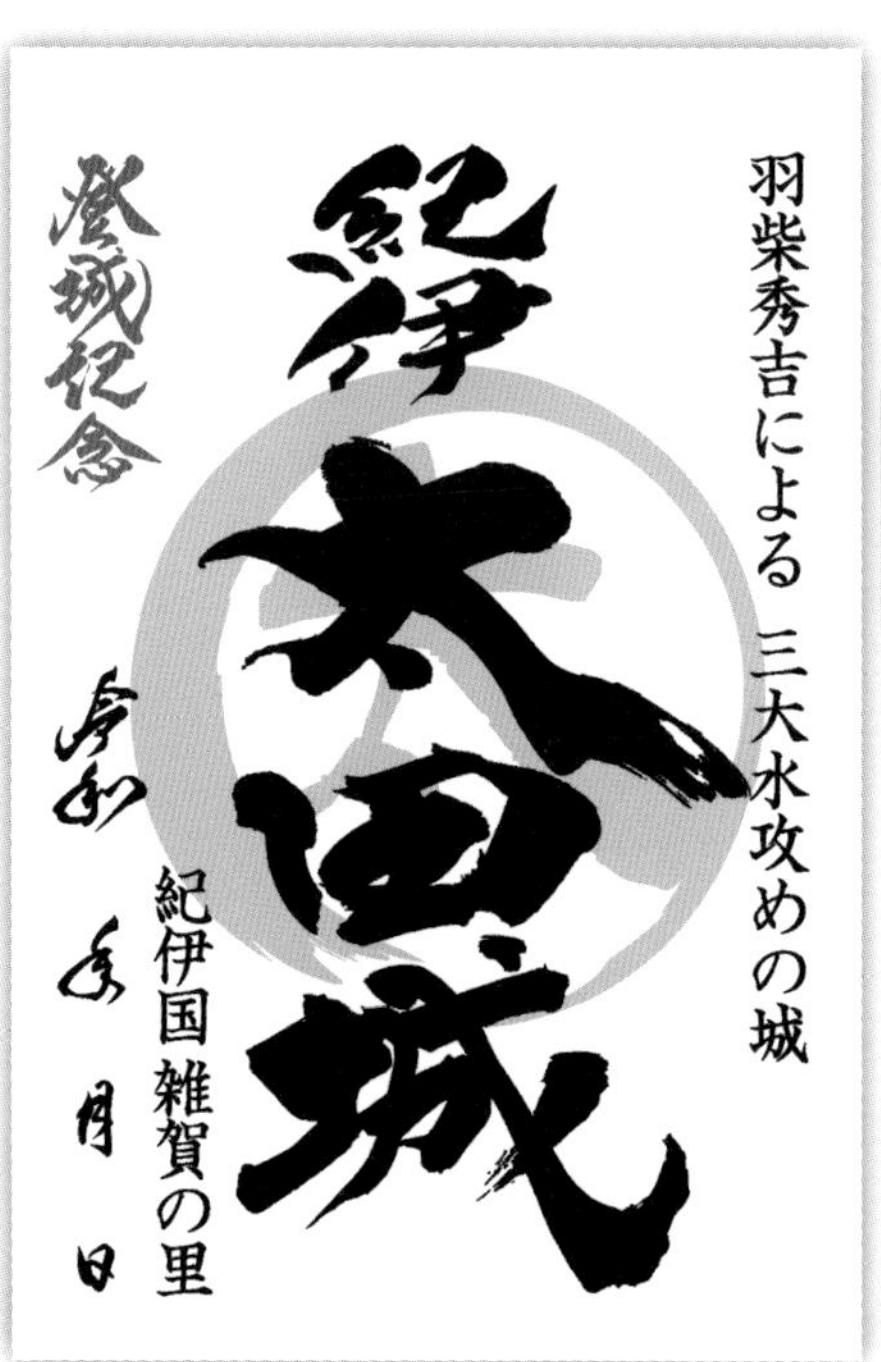

紀伊 太田城
信長・秀吉の紀州攻めの城（織豊時代）の一つとして「紀伊 雑賀城」「紀伊 弥勒寺山城」とセットで販売されている御城印。

頒布場所DATA

販売場所	紀州九度山真田砦および 紀州戦国屋オンラインショップ
販売価格	1000円（税込） ※紀伊 雑賀城・ 紀伊 弥勒寺山城とのセット

三成らによる水攻めに耐えた

忍城の戦い

おしじょうのたたかい

石田三成の水攻めに耐え抜いた城

❶成田氏の家紋「丸に三つ引両」が配置されている。

❷「日本三大水攻めの城」の一つとして、「紀伊 太田城」「備中 高松城」とともに発行されている御城印。

頒布場所DATA

販売場所	紀州九度山真田砦 および紀州戦国屋 オンラインショップ
販売価格	非売品

10倍の兵力差を耐え忍ぶ難攻不落の「忍の浮き城」

西の諸国を平定した豊臣秀吉は、天下統一への最終局面にむかい、関東圏で一大勢力を誇る北条氏の領土へと侵攻した。天正18年（1590）、秀吉が後北条氏の領土を包囲する小田原討伐が起こる。関東地域において、北条氏傘下の周囲の支城が落ちるなか、最後まで抵抗を続けたのが忍城であった。

忍城の城主である成田氏は、もともと関東管領の山内上杉氏に属していたが、河越城の戦いで山内上杉憲政が北条氏康に敗れて以来、北条氏に従っていたものである。ゆえに、忍城も豊臣軍の標的となった。

このとき、当主の成田氏長（うじなが）は、弟泰親（やすちか）らとともに小田原城に籠城していたため、城代として氏長の従弟成田長親（ながちか）が2000余の兵とともに守っていた。忍城の行く末は、残った家臣たちに託されていたのである。

豊臣軍は、石田三成を総大将に大谷吉継・長束正家・真田昌幸・直江兼続・浅野長吉らそうそうたる武将が名を連ねた大軍勢であった。

墨城印　忍城
中央には「月に三つ引両」の家紋が配置されている。

頒布場所DATA

販売場所	戦国魂
販売価格	300円（税込）

山内上杉氏配下の豪族成田親泰が築城したとされる忍城。関東七名城の一つに数えられた。写真は江戸期に建造された御三階櫓を復元したもので、現在は資料館になっている。
写真提供：一般社団法人埼玉県物産観光協会

上野館林城を攻略した三成は、常陸の佐竹義宣や下野の宇都宮国綱とともに2万3000余の軍勢で、武蔵忍城を包囲した。兵力差は10倍以上である。

豊臣軍は6月5日から攻撃を始める。三成はまず、城の大宮口に本営を設け、正攻法で仕掛けるが、忍城は周囲を沼や深田で囲まれ、「忍の浮き城」と称された天然の要害であるため、守りの堅さに阻まれ、陣を丸墓山古墳に移動。忍城を包囲する形をとるものの、沼や河川を効果的に利用している忍城を前に攻め手にかけていた。

そこで三成は、豊臣秀吉の指示に従って、この忍城を水攻めにすることにした。城の周囲に全長約14キロメートルの堤を、わずか1週間弱で築き、利根川と荒川の水を引く。

この堤防は戦国時代最大級のもので、現在でも「石田堤」として残っている。

しかし、突貫工事ゆえのもろさか、あるいは忍城側の間者によるものか、堤は大雨による氾濫で崩壊し、寄せ手の豊臣勢270余人が溺死したという。こうして、三成による水攻めは本丸を陥れるまでには至らず、失敗に終わった。

7月5日に本城である小田原城が開城したあとも、忍城では籠城が続けられていた。開戦から1カ月を過ぎても落ちない忍城に対し、秀吉は援軍を差し向けて、浅野長政・上杉景勝・前田利家ら有力武将が参戦し、総攻撃を仕掛ける。

しかし、もともと天然の要塞だったうえに、先の水攻めによって足場がさらに悪くなっていたため、豊臣軍の侵攻は思うように進まず、結局10倍近い兵力差をもってしても忍城を落とすことはかなわなかった。

7月16日、小田原城に出向いていた忍城当主である氏長の説得に応じて長親が開城することとなる。難攻不落の忍城は、最後まで敵に破られることはなかったのである。

城主氏長は一命を助けられ、蒲生氏郷に預けられたあと、下野烏山城3万7000石を与えられた。

いっぽう三成は、10倍の兵力差や、大掛かりな水攻めにも失敗したことで、戦下手と揶揄されることとなった。

秀吉による水攻めが行われた

高松城の戦い

たかまつじょうのたたかい

❶清水氏の家紋「左三つ巴」が配置されている。

❷毛利氏が織田軍との戦いに備えた備中七城の一つ。

❸「日本三大水攻めの城」の一つとして、「紀伊 太田城」「武蔵 忍城」とともに発行されている御城印。

頒布場所DATA

販売場所	紀州九度山真田砦および紀州戦国屋オンラインショップ
販売価格	非売品

黒田官兵衛が進言した水攻め

時は天正5年（1577）、天下布武を旗印に天下統一を狙う織田信長は、家臣の羽柴秀吉に命じて、毛利氏の勢力圏である中国地方への進軍を開始した。

備前・備中の国境地帯で攻防を繰り広げる織田軍と毛利軍。秀吉の勢いはすさまじく冠山城や宮路山城を落とした羽柴秀吉は、天正10年（1582）、毛利軍と雌雄を決するため、ついに、備中高松城を2万余の大軍で包囲する。高松城を守っていたのは毛利輝元に従う城主清水宗治以下5千余の城兵だった。

低湿地に築かれた高松城は天然の要害であり、典型的な沼城。秀吉軍の兵や馬は攻め入ることができなかった。

加えて、城主の清水宗治は忠義に厚い武将で、秀吉の降服勧告に頑なに応じようとはせず、地の利を活かした強固な城で徹底抗戦の構えをみせる。

毛利氏の援軍が駆けつける前に、なんとしても高松城を攻略する必要があった秀吉は、天然の要塞と化した高松城を攻めあぐねていた。

城を囲む沼地に足をとられ、思うように身動きが取れない秀吉軍。これらを伏兵が追い詰め、宗治の攻勢が襲い掛かると、秀吉軍は大混乱に陥り、あらかじめ掘られていた落とし穴に落ちて命を落とす者が続出。緒戦は秀吉軍の敗北に終わることになる。

そんな秀吉に助言をしたのは腹心である黒田官兵衛（くろだかんべえ）である。官兵衛は「水によって膠着している戦局は、水によって攻略できる」と進言し、川を堤防で堰き止めて、高松城への水攻めを狙う。先例の少ない奇策を敢行しようというのである。

城の近くを流れる足守川の東・蛙ケ鼻から全長約3キロ、高さ7メートルの堤防を築き、そこへ足守川の水を引き込む作戦が始まる。

5月21日、わずか12日間の突貫工事により完成した堤防から水が引き込まれ、高松城は部分的に水没してしまった。

吉川元春（きっかわもとはる）・小早川隆景（こばやかわたかかげ）ら毛利方からの援軍が到着したのは、ちょうどこの日であったが、孤立して浮城となった高松城を前に成す術がなかった。

孤立した高松城の城兵を見殺しにすることはできない毛利軍は、秀吉に和睦を申し入れたが、清水宗治の切腹にこだわる秀吉はこれを拒否、交渉はいったん決裂する。

しかし、毛利氏の主力に囲まれた秀吉は、信長に援軍を要請する。信長は、明智光秀らに高松城への出陣を命じるとともに、自身も備中に向かうべく、6月1日に京都本能寺に宿泊した。その翌朝、本能寺の変で信長は光秀に討たれたのである。

6月3日に本能寺の変の報せを受けた秀吉はひどく落ち込んだが、官兵衛は「光秀を討てば、天下人と成りましょうぞ」と秀吉を鼓舞。信長の死を隠しながら、毛利方と早期の和睦を結ぶべく動き始める。

秀吉は3日以内に和睦を結べば領土については譲歩する。宗治の首を差し出せば、城兵を助けるという条件を提示する。

この条件を聞いた宗治は、自分の命より主君を安泰にし、部下の命を助けることができるのならば、自らの命など安いものだと述べ、自害を決意する。これに対し、信長の出陣を前に抗戦に利がないと判断した毛利方も了承した。

6月4日、宗治らが自刃すると、元春・隆景が陣を払うのを確認した秀吉は、信長の仇を討つべく、急ぎ畿内に引き返す。世にいう「中国大返し」である。

その後、山崎の戦いで明智光秀を破った秀吉は、信長の後継者としての地位を固めていくのである。

備中高松城跡は、現在歴史公園として整備されている。周囲には水攻め堤防跡や太閤腰掛岩、宗治の首塚などが残っている。

本丸跡にある清水宗治首塚。宗治の切腹後に秀吉により作られた供養塔が現在の地に移転している。

信長・秀吉・家康の三英傑が勢揃い
金ヶ崎の戦い

かねがさきのたたかい

令和　年　月　日　登城

金ヶ崎の退き口

難関突破

金崎城

信長、秀吉、家康勢揃いの地

❶秀吉の大きな武功の一つとされる「金ヶ崎の退き口」の印が押されている。

❷金ヶ崎の戦いは信長、秀吉、家康の3英傑が揃って戦った数少ない地である。

❸信長による朝倉攻めの際、お市の方が小豆を袋に入れ、両端を紐で結んで危機を知らせたというエピソードをもとに、金崎宮では両端を結んだお守りを難関突破のお守りとして授与している。城印もこの形を印にして、「難関突破」を印字している。

頒布場所DATA

販売場所	金崎宮　授与所
販売価格	初穂料300円（消費税は無し）

秀吉の武勇伝として語られる「金ヶ崎の退き口」

永禄11年（1568）9月、足利義昭を擁して入京した織田信長は、諸国の大名に上洛を命じた。この命に越前の朝倉義景が従わなかったことから、信長は元亀元年（1570）4月、三万余の大軍を率いて越前に向かう。

4月25日、信長は越前敦賀の天筒山城を攻め、柴田勝家ら織田勢の猛攻により朝倉方の兵がほぼ全滅するほど討ち取られた。翌26日、天筒山城と地続きの本城である金ヶ崎城を攻める。三千余城兵守備していた朝倉一族の朝倉景恒は降服勧告に応じて城を明け渡し、後退している。

しかし、信長が木ノ芽峠を越えて、義景の本拠地一乗谷の朝倉館に迫ろうというとき、義弟にあたる近江小谷城の浅井長政が離反したという報せを受ける。

その第一報を受け取ったときの信長の言葉が『信長公記』にみえるが、それは、「浅井は歴然御縁者たるの上、あまつさへ江北一円に仰付けらるゝの間、不足あるべからざるの条、虚説たるべき」というものであ

金崎宮本殿
難関突破と恋の宮としても親しまれている金崎宮。春には花換祭、秋には御船遊管絃祭も行われる。

金ヶ崎城標柱。かつて金ヶ崎城は『太平記』に「かの城の有様、三方は海によって岸高く、厳なめらかなり」。とあり、天然の要害の地であった。

った。妹を嫁がせている浅井長政が裏切るはずはないと考えていたことがわかる。

しかし、次々に入ってくる情報により、謀反は疑いないということになり、急遽、撤退を決めている。前に朝倉、後に浅井で挟み撃ちにされることが目に見えてていたからである。『信長公記』はその続きで、「金か崎の城には木下藤吉郎(きのしたとうきちろう)残しをかせられ……」と、殿(しんがり)を任せたのを秀吉としている。

そのため、後世、「藤吉郎金ヶ崎の退き口」として、秀吉の武勇伝として語り伝えられることになる。

ところが、実は、この「金ヶ崎の退き口」は秀吉だけではなかったのである。波多野秀治宛一色藤長書状「武家雲箋」に、「金ヶ崎城に木藤・明十・池筑その外残し置かれ」と記されているのである。木藤は木下藤吉郎で、秀吉のこと、明十は明智十兵衛尉で、光秀、そして池筑は池田筑後守で、勝正のことである。つまり、信長が金ヶ崎城に殿として残したのは、木下秀吉・明智光秀・池田勝正の三人だったことが明らかである。

では、なぜ、『信長公記』の著者太田牛一は、「金ヶ崎の退き口」を秀吉一人の手柄として記したのだろうか。そこには、「歴史は勝者が書く勝者の歴史」という側面がある。

このあと、光秀は本能寺の変で織田信長を討ったものの、その後の山崎の戦いで秀吉に敗れ、命を落としており、池田勝正も、その後、信長の手を離れ、三好三人衆側に通じ、歴史の表舞台から姿を消しているのである。結局、一人勝ち残った秀吉が手柄

信長、秀吉、家康
勢揃いの地
金ヶ崎城
難攻不落
突破
金ヶ崎の春
花換まつり
令和　年　月　日　登城
福娘
香恋ちゃん

金ヶ崎城印（戦国版春バージョン）
戦国版の春限定版。金崎宮では春に桜の造花を交換する花換まつりが斎行されており、その時の主役である福娘のキャラクター「香恋（カレン）ちゃん」が印刷されている。

頒布場所DATA

販売場所	金崎宮　授与所
販売価格	初穂料300円（消費税は無し）

南北朝時代の金ヶ崎城の本丸跡に建つ金ヶ崎古戦場の石碑。本丸は武将たちが月見をしたと伝わり、通称月見御殿と呼ばれている。

金ヶ崎城印（南北朝版）

南北朝時代、新田軍と足利軍が戦い、後醍醐天皇の皇子が亡くなり、明治にこの親王（尊良親王・恒良親王）を祭神として創建されたのが金崎宮。当時親王の手足（股肱の臣）となって戦った新田・瓜生・気比氏の家紋を下部に配置。上部に親王を置いたデザインとし、印はそれぞれの関係を示した「股肱之臣」としている。

頒布場所DATA

販売場所	金崎宮　授与所
販売価格	初穂料300円（消費税は無し）

金崎宮の御朱印。中央に社印が押されている。

頒布場所DATA

販売場所	金崎宮　授与所
販売価格	初穂料300円（消費税は無し）

を独り占めした形となった。

そのため、実際に、この3人がどのように朝倉軍の追撃を金ヶ崎城で防いだのかはわからない。

金ヶ崎城には一の木戸・二の木戸・三の木戸とよばれる場所があり、それら木戸で朝倉軍の追撃を光秀らが防いだ可能性が高い。

こうして、池田勝正・明智光秀・木下秀吉らを殿として金ヶ崎城に残した信長は、全軍に退却を命じ、若狭から朽木を経て京都に敗走することとなった。

このときから、信長と朝倉義景・浅井長政との戦いが始まったのである。

浅井・朝倉連合対織田・徳川連合の戦い

姉川の戦い
あねがわのたたかい

❶古戦場探訪 合戦印「姉川の戦」。御朱印調にデザインされたシールの合戦印。信長の家紋「織田木瓜」が配置されている。

❷浅井長政の家紋「三つ盛亀甲」が配置されている。

❸家康の家紋「三つ葉葵」と朝倉氏の家紋「三ッ盛木瓜」が配置されている。

頒布場所DATA

販売場所	・エコグッヅ.ビズ https://ecogoods.biz/ ・国友鉄砲ミュージアム ・ホテルサンルート彦根
販売価格	330円（税込）

多数の負傷者が両陣営に出た壮絶な戦い

姉川の戦いの発端は、信長の急な朝倉攻めだった。元亀元年（1570）4月25日、将軍・足利義輝をめぐって確執のあった朝倉義景に対して、信長は突然、越前（福井県）への侵攻を開始する。思いもよらない攻撃に朝倉軍の防備は間に合わず、織田軍は快進撃を続けた。

ところが、本拠地の一乗谷にあと一歩のところまで朝倉勢を追い込んだ矢先、浅井謀反の知らせが入る。浅井長政は信長の信頼厚い義弟であり、さらに彼の挙兵した近江（滋賀県）は織田軍の背後にあった。退路を断たれ、挟撃されるのを恐れた信長は、ほうほうのていで逃げ帰るはめになったのである。

ちなみに、この大変な撤退戦の殿を命じられたのが秀吉で、世に「藤吉郎金ヶ崎の退き口」といわれ、武名を高めることになった。

いったん岐阜に戻った信長は、兵を立て直し、秀吉に勧降工作を命じている。これにより近江・美濃（岐阜県）国境の浅井方家臣、堀秀村(ほりひでむら)・樋口直房(ひぐちなおふさ)が織田方に寝返った。また6月15日には、近江に出陣していた朝倉軍が、なぜか越前に引き上げてしまう。これを好機とみた信長は、6月17日に軍勢を率いて岐阜を出発した。

姉川は琵琶湖の北東を流れ、北には江濃(ごうのう)の千メートル級の山が、東には伊吹山地が迫っている。浅井長政の居城、小谷城は姉川のすこし北にあり、険しい山々と川に守られた自然の要害であった。

姉川野村橋のたもとに建てられている戦死者の慰霊碑。

6月21日に、信長は小谷城を攻めはじめたが、城攻めは犠牲が大きいということで野戦に持ち込むことになった。そして小谷城とは姉川を隔てて南にある支城・横山城を包囲する。

長政は横山城を救うべく、朝倉義景に援軍をもとめた。こうして6月25日ごろ、朝倉景健が率いる朝倉軍が到着したが、どうしたわけか、先に近江に派遣されていた半分の1万であった。長政が動員できたのはおよそ5千とされている。同じころ織田軍2万にも、徳川の援軍5千が合流した。

ここにいよいよ、姉川をはさんで浅井・朝倉連合1万5千と、織田・徳川連合2万5千の大軍が相対することになったのである。6月28日未明、野村方面には浅井軍と織田軍が、三田村方面には朝倉軍と徳川軍が布陣した。

夜明けと同時に、朝倉軍と徳川軍が姉川に馬を入れたのが、戦いの合図になった。これをきっかけとして浅井軍と織田軍も激突する。乱戦となるなか、徳川軍は倍の敵を前に苦戦していた。そこで家康は一計を案じる。命を受けた榊原康政(さかきばらやすまさ)は、姉川の川下を迂回し、朝倉軍の側面から攻めた。この作戦がみごと成功して、朝倉軍はにわかに崩れはじめる。

そのころ、浅井軍の先鋒・磯野員昌(いそのかずまさ)の猛攻によって、織田軍も劣勢に立たされていた。浅井軍が姉川を渡って信長本陣に迫ると、下流のほうでは、徳川軍が逆に川を渡って朝倉軍の本陣に迫る形となった。つまり、浅井軍の右翼が手薄になってしまったのだ。

それをみた稲葉一鉄、氏家卜全、安藤範俊ら美濃衆は、浅井軍に側面攻撃をかける。当時、彼らは織田軍として横山城を包囲していたのだが、加勢に来たのだった。ふいをつかれた浅井軍は総崩れとなり、朝倉軍とともに小谷城へ落ちていった。

浅井・朝倉の戦死者は千百余名とも、2千5百ともいわれている。この数字を見ても、どれほどの敗北だったかがわかるだろう。いっぽう勝利をおさめた織田・徳川軍も小谷城を攻める余力はなく、奪取した横山城に秀吉を入れて帰陣した。このとき姉川は、将兵の血で真っ赤に染まったという。

秀吉が勝利した織田家のトップ争い

賤ヶ岳の戦い

しずがたけのたたかい

一五八三年(天正十一年)

古戦場探訪

賤ヶ岳の戦

近江国

七本槍

佐久間盛政

豊臣秀吉

柴田勝家

❶古戦場探訪 合戦印「賤ヶ岳の戦」。御朱印調にデザインされたシールの合戦印。上部には秀吉の家紋「五三桐」が配置されている。

❷柴田勝家の家紋「二つ雁金」が配置されている。

❸右側には賤ヶ岳七本槍の家紋と、佐久間盛政の家紋「丸の内に三つ引両」が配置されている。

頒布場所DATA

販売場所	・エコグッズ.ビズ https://ecogoods.biz/ ・木ノ本駅 ふれあいステーションおかん ・ホテルサンルート彦根
販売価格	330円(税込)

清洲会議後に織田家の勢力が二分した

天正10年(1582)6月、山崎の戦いで明智光秀に勝利した羽柴秀吉は織田信長の元家臣中での影響力を増した。信長の後継者を決めるため清洲会議が開かれたが、信忠の子三法師(さんぼうし)を推す秀吉と、信長の三男・信孝を推す柴田勝家との間で対立が起こる結果となる。

天正11年(1583)正月、秀吉の家臣で伊勢亀山城主の関盛信(せきもりのぶ)は城を滝川一益(たきがわかずます)に落とされた。勢いに乗った一益はさらに伊勢周辺での進攻を続けていった。その実は、勝家と一益が秀吉を伊勢におびき寄せ、挟み討ちにする計画を共謀していたのである。そのとき姫路城にいた秀吉は変事を聞きつけて兵を伴って伊勢に向かい、戦いの流れは勝家の計画通りに進んでいく様相を呈した。

3月になると、勝家は越前北庄城の佐久(さく)間盛政(もりまさ)を柳ヶ瀬へ進軍させた。その後、自らも柳ヶ瀬へ向かう。勝家勢の先鋒佐久間盛政は行市山に布陣し、勝家は内中尾山に本陣を置いた。

勝家の動きを知った秀吉は多少の軍勢を伊勢に置いておくことを決め、それ以外の大半である5万の兵を引き連れて進軍した。秀吉は、左禰山(さねやま)に堀秀政、田上山に羽柴秀長、大岩山に中川清秀、賤ヶ岳に桑山重晴(くわやましげはる)を配置した。

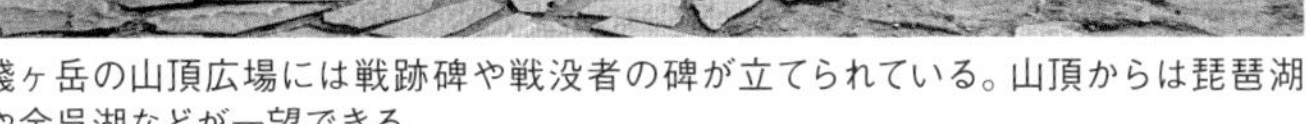

賤ヶ岳の山頂広場には戦跡碑や戦没者の碑が立てられている。山頂からは琵琶湖や余呉湖などが一望できる。

この後しばらく戦線は膠着して動かない状態が続く。そんな中、秀吉は岐阜城の神戸信孝の動きを封じるため岐阜城に向かった。4月20日、秀吉が留守の隙に、勝家勢の佐久間盛政が秀吉勢の中川清秀に不意打ちを仕掛け、激戦ののちに打ち破った。

当時大垣付近で急報に接した秀吉は、はじめに先遣隊を向かわせ、さらに北国脇往還沿いの村々に松明と握り飯を用意させた。そして、1万5000の兵を率いて午後4時ごろに大垣を出発した。大垣から木之本まで52キロの距離があるが、秀吉勢は騎馬と歩兵で移動し、5時間という驚異的な速さで到着したといわれている。

佐久間盛政は常識的に考えて秀吉が兵を戻すには時間がかかるだろうと踏んでいた。だが、秀吉はその裏をかいて速やかに到着し、すぐに逆襲を始めた。

戦いの開始は4月21日午前2時ごろと考えられる。秀吉の側近たちと、佐久間盛政隊の殿である柴田勝政隊とで対戦になった。秀吉の馬廻り部隊であった福島正則(ふくしままさのり)、加藤(かとう)清正(きよまさ)をはじめ、加藤嘉明(かとうよしあき)、片桐且元(かたぎりかつもと)、脇坂(わきざか)安治(やすはる)、平野長泰(ひらのながやす)、糟屋助右衛門尉(粕谷助右衛門の尉)、桜井佐吉(さくらいさきち)、石河一光(いしこかずみつ)ら9人の大活躍により柴田勝政隊は散り散りになって敗走し始めた。秀吉勢の9人は「賤ヶ岳七本槍」と呼ばれ、秀吉から感状を与えられた。9人なのに対し七本槍と呼ばれている理由については、七本という数字に深い意味はないとするものや、この戦いで死亡した石河一光と後に病死した桜井佐吉が含まれていないとされるものなど、諸説ある。

柴田勝政隊が敗れたことで、佐久間盛政隊も敗走し始め、敗走に次ぐ敗走が起こった。このとき、秀吉の事前の根回しによって、勝家の加勢であった前田利家ら与力大名たちが寝返り、戦線を離脱した。与力大名がいなくなったことで、秀吉勢を牽制する効力がなくなり、佐久間盛政隊に総攻撃を仕掛け始めた。ついには勝家軍も攻撃を受け敗北し、北庄を目指して散り散りになって逃げる結果となったのである。

織田信長を自害に追い込んだ明智光秀を山崎の戦いで破り、さらに今回の賤ヶ岳の戦いにおいては、信長の宿老であった柴田勝家を追撃している格好になった。こうして、秀吉は信長の後継者としての地位を盤石なものとする土台を築いたのである。

関ヶ原の戦いの前哨戦

大津城の戦い

おおつじょうのたたかい

❶古戦場探訪 合戦印「大津城の戦」。御朱印調にデザインされたシールの合戦印。上部には毛利氏の家紋「一文字三星」が配置されている。

❷京極氏の家紋「平四つ目」が配置されている。

❸右側には立花宗茂の家紋「祇園守」が配置されている。

頒布場所DATA

販売場所	・エコグッヅ.ビズ https://ecogoods.biz/ ・ここ滋賀SHIGA ・ホテルサンルート彦根
販売価格	330円（税込）

大津城主・京極高次 大津に西軍を足止め東軍救う

豊臣秀吉は、琵琶湖畔にある坂本城を廃城にし、浅野長政に命じて新たに大津城（近江国滋賀郡大津）を築城した。軍事面および物流の中継地点としても大津の重要性が高まったからだ。初代城主は、坂本城主の浅野長政だが、4代目に、近江佐々木氏の血を受け継ぐ京極高次（きょうごくたかつぐ）が城主となった。

高次は、妹（姉とも）の松の丸が秀吉の側室になった縁で秀吉の配下となった。大津城主になれたのも、その妹のお陰ともいわれ、妹の「尻の光」で出世したという意味で「蛍大名」と揶揄されたが、実際は有能な武将であったと伝えられている。

ところが、高次の妻・初は浅井長政の次女であり、妹は徳川家康の次男の二代将軍の妻・江、姉の茶々は秀吉の側室となっていた。そのため、慶長3年（1598）に秀吉が亡くなると、西軍と東軍の間に挟まれる苦しい立場に立たされていた。

慶長5年（1600）6月、徳川家康は、上杉景勝を討つべく大坂城より出陣（会津征伐）。途中、6月18日に大津城に立ち寄

大津城本丸跡に建つ城跡碑。現在はほとんど痕跡が残っていないが、昭和55年（1980）に城郭の石垣と思われる遺構が発掘されている。また、大津祭曳山展示館横の駐車場に外堀の石垣と思われる遺構もある。

り高次と密談を行った。高次は、大津城の修繕費として白銀三十貫文を家康より受けており、すでに深い仲となっていたのだ。

一方、慶長5年（1600）7月、石田三成は、家康の会津征伐の隙に、「反徳川」の旗を掲げて挙兵、高次は、西軍からも誘いがあり、8月、西軍に従い、2000の兵を率いて加賀の前田征伐に向かった。しかし、琵琶湖北端の余呉に着くと急いで船で帰還、9月3日に大津城へ戻った。高次は、すぐさま家臣の妻子を呼び、兵糧米の確保や塩・味噌・醤油を備蓄し、城の周りを焼き払って、籠城の準備を進めた。

高次の裏切りを知った三成は、関ヶ原に向かっていた毛利元康、立花宗茂らを急遽、大津へと向かわせた。その数、1万5000といわれる。毛利軍は、大津城が見渡せる長等山（ながらさん）に陣を張った。

9月6日、西軍の総攻撃が始まり、城外の前線陣地は全滅したものの、城内の守りは堅く、一進一退の攻防が続いた。しかし、西軍に大砲で天守を砲撃され、外堀も埋められると、家臣の強い諫言（かんげん）もあって、高次は14日夜に開城、15日朝には剃髪して、兵士・女子供等300人を連れ高野山に向かった。この日は、関ヶ原の戦いの当日だった。

もう一日、籠城していれば開城を免れたはずだが、それでも家康は、毛利軍を足止めさせた功績を高く評価し、後に、若狭小浜8万5000石を高次に与えた。

日本史に残る〝鳥取の飢え殺し〟

鳥取城の戦い

とっとりじょうのたたかい

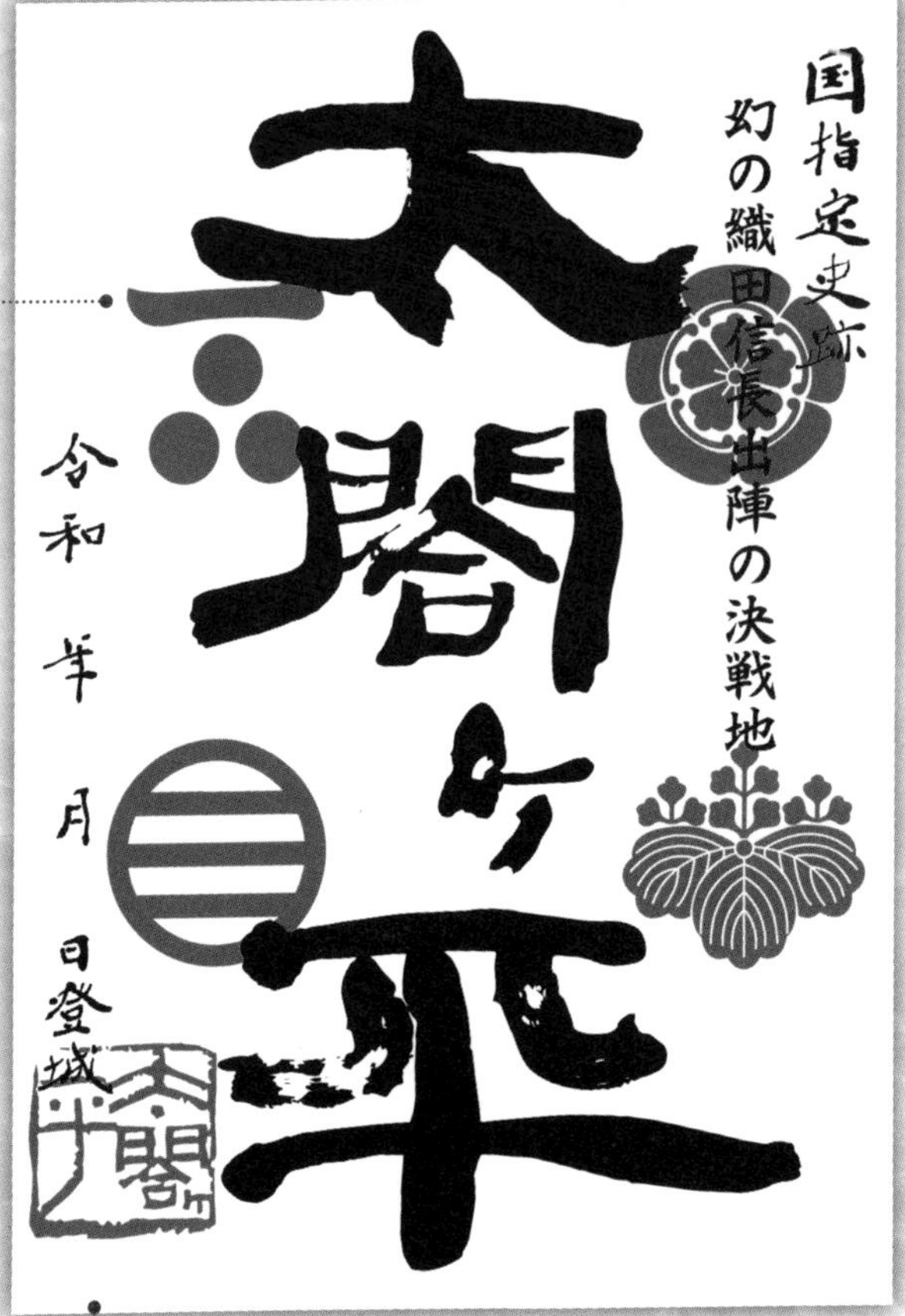

❶背景には毛利家の家紋「一文字三星」、織田家の家紋「織田木瓜」、吉川家の家紋「丸に三つ引両」、秀吉の家紋「五三桐」が配置されている。

❷因幡侵攻で秀吉が吉川経家と戦っているイメージで書かれている。揮毫は鳥取県を代表する現代書の第一人者である柴山抱海氏。印製作と監修は書家の有田抱光氏。

頒布場所DATA

販売場所	鳥取市歴史博物館、仁風閣
販売価格	300円（税込）

徹底した包囲網と兵糧攻めに経家は降伏を決断した

天正8年（1580）6月、織田信長の命により、中国攻めを行っていた羽柴秀吉は、毛利方と激突を繰り広げており、因幡国守護職である山名豊国（やまなとよくに）が守る鳥取城を攻めた。

3ヶ月に及ぶ第一次鳥取城攻めは籠城戦の末、山名は降服、織田に臣従することになった。

しかし、毛利氏に迎合して徹底抗戦を掲げる家臣らにより山名は追放されてしまう。城主不在のまま、鳥取城では反抗の火種が消えぬままくすぶり続けていた。

毛利家重臣にして石見吉川家当主・吉川（きっかわ）経家（つねいえ）が新たな城主となるよう毛利方は調整に取り掛かる。

第一次鳥取城の戦いで、結果的に鳥取城の完全な攻略に失敗した羽柴秀吉は、翌天正9年6月、本格的な因幡平定を目指す。

2万余の大軍を率いて播磨姫路城を出陣した秀吉は、7月12日には、鳥取城に迫り、二重の堀と鹿垣・塀・土塁で設けた総延長3里（約12キロ）におよぶ包囲網を敷くと

墨城印「鳥取城」
凄惨な籠城戦で知られる鳥取城を美しい墨絵で表現。中央に鳥取池田家の家紋「丸に揚羽蝶」、左下に吉川家の家紋「丸に三つ引両」が配置されている。

頒布場所DATA

販売場所	戦国魂
販売価格	330円(税込)

同時に、周辺地域の村を攻撃して農民を鳥取城に逃げ込ませた。第二次鳥取城攻めである。

対するは、毛利輝元の命により送り込まれた城将吉川経家以下1400余の城兵は徹底抗戦の構えだった。

しかし、秀吉は腹心の軍師・黒田官兵衛の進言により、事前に兵糧攻めを行う計略を進めていた。

秀吉は若狭商人を通じて米を高値で買い占め、米の不足が原因で因幡国の米価は吊り上がっていた。

これにより城主不在の折から鳥取城内では兵糧米の横流しが横行しており、周辺農民で城はあふれかえる中、城内の兵糧米は一人あたりひと月分もなくなっていたのである。

軍備の拡張が行えない緊急の状態であった折に城主に就任した経家は、こうした状況を憂いて、本家や毛利家に対して兵糧の援助の手紙を送っている。

だが、秀吉の攻囲はそれよりも早かったのである。

輝元の叔父吉川元春は、鳥取城を救援するべく出雲を出陣したが、伯耆で抵抗を続ける羽衣石城の南条元続・岩倉城の小鴨元清らに阻止されて、因幡に入ることさえできない。

また、輝元自身と叔父の小早川隆景は、織田に寝返った宇喜多直家と対峙していたため、山陽から動くこともできなかったのである。


9月16日には、毛利方からの補給兵糧を運んでいた鹿足元忠率いる水軍が秀吉に敗れてしまう。

こうして補給を絶たれた鳥取城内では兵糧が底をつき、地獄の餓鬼のように痩せ衰え、餓死者が後を絶たない状況へと陥った。食えるものは何でも食い尽くしたのちはやむを得ず、人肉をも貪る者があらわれるほど、すさまじい惨状となった。追い打ちをかけるように鉄砲隊が襲い掛かり、城外には市場を開いて食料を売らせ、精神を容赦なく折った。

こうして、10月24日、経家は降伏開城し、城将経家は、自身の自刃と引き替えに城兵の命を助けるよう、秀吉に要請し、翌25日、自刃したのである。同時に、鳥取の支城雁金城の主将であった塩冶高清、丸山城を守備した奈佐日本助も自刃し、毛利氏は因幡における拠点を失った。

揚羽蝶の羽ばたきに似せた鳥が飛翔する図案。中央左の「角輪紋」は鳥取藩を構成する因幡と伯耆を意味し、鳥取池田家が推奨した「文武両道の精神」を表しているといわれている。右は鳥取池田家の家紋「丸に揚羽蝶」。紙は鳥取市青谷町の因州和紙を使用。

頒布場所DATA

販売場所	仁風閣
販売価格	300円(税込)

鳥取城跡に令和3年3月に復元された大手門。令和7年3月には、周辺土塀と背後の渡櫓門が完全復元される予定である。

久松公園にある仁風閣は、ルネエサンス様式を基調とした木造瓦葺洋風建築で、明治40年（1907）に完成した。

謙信が一夜城を築いて攻め入った

臼井城の戦い

うすいじょうのたたかい

❶謙信の陣城と伝わる伝承に因み、春日山城の上杉謙信の銅像と、成田名所図絵に描かれた上杉謙信の臼井城攻めの場面から、臼井城の城兵に反撃され逃げていく上杉軍をイメージし、モチーフにしている。

❷家紋は古くから臼井の地を治めていた千葉氏の「九曜紋」、国府台合戦以降、千葉氏を配下に置いた北条氏の「三つ鱗」、上杉氏の「竹に雀」、さらに上杉方として戦った里見氏の「丸に二つ引両」を配置。

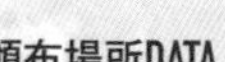

頒布場所DATA

販売場所	京成佐倉駅前観光案内所、JR駅前観光情報センター、ふるさと広場売店「佐蘭花」、観光協会オンラインストア
販売価格	300円（税込）

上杉謙信の関東支配を阻んだ臼井城攻めの大敗

群雄割拠の戦国時代、関東甲信越では、武田信玄、北条氏康、上杉謙信らが、互いに勢力を伸ばそうと、しのぎを削っていた。永禄7年（1564）に武田信玄との五度目（最後）の川中島の戦いを終えた謙信は、翌・永禄8年（1565）相模国の北条氏康を攻め落とさんと関東遠征を行った。当時、北条氏の圧迫を受けていた安房国の大名・里見義弘も上杉軍に加わると、上杉軍は、常陸国小田城などに攻め上り、さらに、永禄9年（1566）下総の臼井城（千葉県佐倉市臼井田）を攻め立てた。臼井城は、14世紀中ごろに、臼井氏が築いた城とされるが、当時の城主は、北条氏に与する下総国の戦国大名千葉胤富（ちばたねとみ）の家臣・原胤貞（はらたねさだ）だった。

謙信は、臼井城を攻めるにあたって、北方に臼井城を望める高台である王子台（千葉県佐倉市）の台地に陣城を築いたという。これが、「謙信一夜城」と呼ばれるものだ。城内の曲輪（くるわ）（城の輪郭）は、100m×70mの方形で、周囲には空堀がめぐらされて

謙信一夜城の城址は現在、一夜城公園として整備されている。園内には巨大な城址碑が建てられている。

謙信が落とせなかった城
臼井、原、酒井氏歴代の居城
臼井城
訪城記念
令和　年　月　日

戦国期の城主であった臼井氏、原氏の家紋と徳川家康の関東入封後に城主となった酒井家の家紋を配している。現在も城址には郭、空堀、土塁などの主に戦国末期の遺構が良好に残っているところから、その縄張図を組み合わせて、謙信でも落とせなかった城の堅城さを表現したデザインに。

頒布場所DATA

販売場所	京成佐倉駅前観光案内所、JR駅前観光情報センター、ふるさと広場売店「佐蘭花」、観光協会オンラインストア、レイクピアウスイ
販売価格	300円（税込） ※オンラインストアは400円（税込）

おり、南西に虎口（防御機能を加えた出入口）と土橋が架けられていたという。また、南東には食い違いの堀があり、ここにも虎口があった可能性が高いと考えられている。

一方の臼井城は、戦国期の関東における重要な攻防戦の舞台に何度もなった城だ。文明11年（1479）に太田道灌らが臼井城を攻め、佐倉千葉氏の千葉孝胤が7か月間籠城したと伝えられている。この籠城戦は、佐倉千葉氏の敗北に終わる。しかし、攻め手の一人の太田道灌の弟（甥という説もあり）の太田資忠がこの戦で討ち死し、今も土塁上にその墓が残されている。
その臼井城は謙信に「実城堀一重（本丸とその周囲の堀）」まで攻め寄せられたが、結果的に攻めた謙信が大敗。この敗戦で、謙信は、関東における足場を失い、以後、直接関東に介入することはなかった。

そもそも関東攻めのきっかけは、上杉家の関東支配の奪還が目的だった。もともと、室町幕府は、関東の国々を統括する長官として、鎌倉公方を置いていて、関東管領がこれを補佐する役目を負っていた。その関東管領を、代々上杉家が務めていたのだ。ところが、上杉憲政が管領のとき、武蔵国の上杉家の居城だった河越城をめぐる争いの「河越城の戦い」で、上杉家は北条氏康に敗れてしまい、上杉憲政は越後国の上杉謙信のもとに身を寄せていた。その上杉憲政の要請で、謙信は兵を挙げたという説が有力だ。もともと、謙信に天下統一の野心はなく、関東征伐は、担ぎ出されただけのようだ。

ところで、臼井城のある臼井台地の東南外縁部には、臼井田宿内砦が築かれていた。宿内砦は、臼井城を守る支城の一つで、臼井城の周辺には、ほかにも複数の砦が存在していた。しかし、ほかの砦は戦後の開発により失われてしまい、唯一宿内砦のみが、土塁、堀、虎口などの城郭遺構が良好な形で残っている。今

宿内砦

遺構が良好に残る宿内砦の虎口の土塁がデザインされ、さらに、成田名所図絵に描かれた上杉謙信の臼井城攻めの場面から、出撃する兵士と度重なる合戦の舞台になった臼井城とその支城群をイメージして、モチーフにしている。家紋は臼井氏の「九曜紋」と、北条氏の「三つ鱗」を配置している。

頒布場所DATA

販売場所	京成佐倉駅前観光案内所、JR駅前観光情報センター、ふるさと広場売店「佐蘭花」、観光協会オンラインストア、レイクピアウスイ
販売価格	300円（税込） ※オンラインストアは400円（税込）

『上杉謙信臼井城攻めの図』（成田名所図会）

は、歴史的意義を持つ文化財として貴重な遺構となっている。

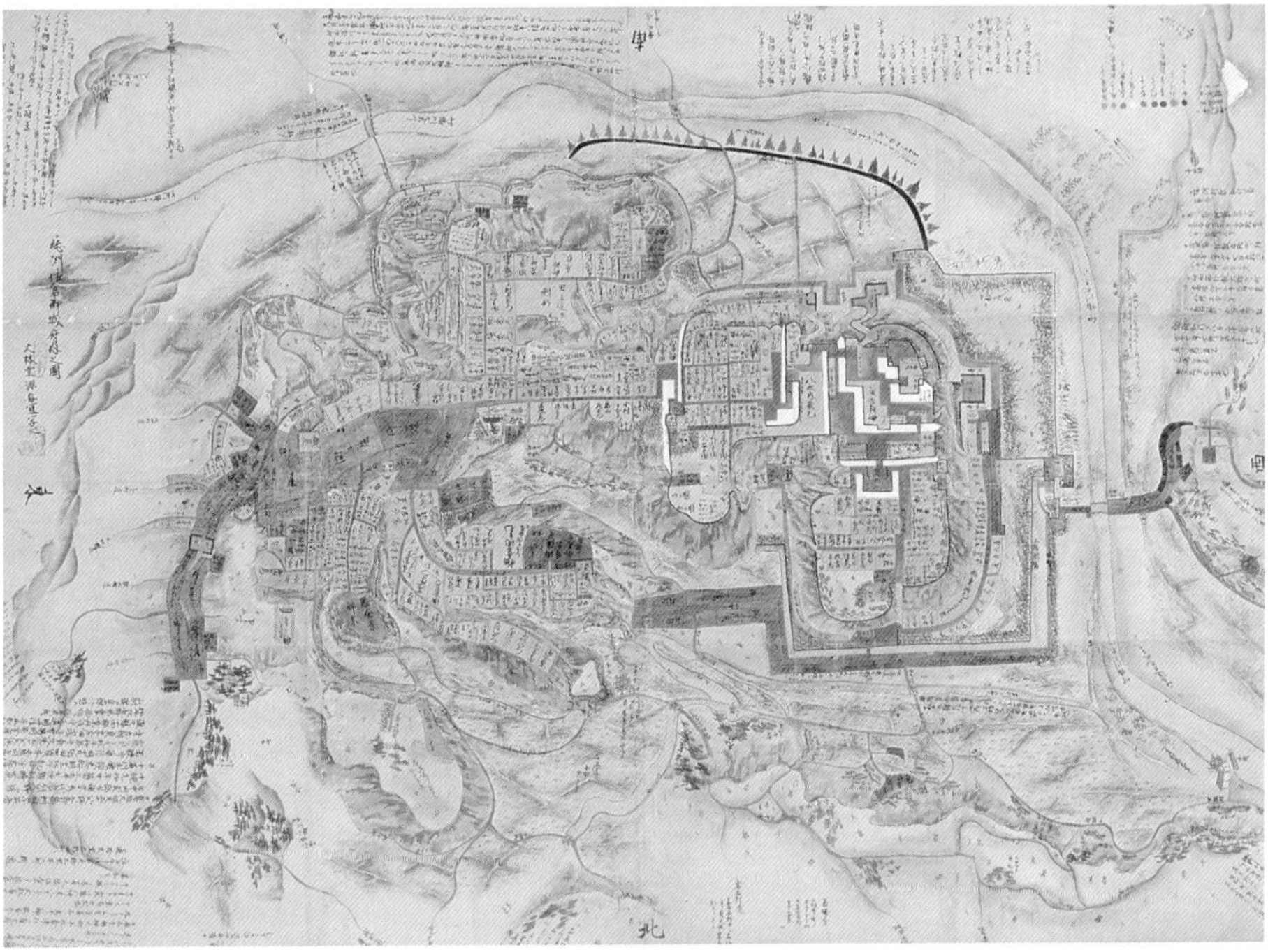

総州佐倉御城府内之図

佐倉城にはかつて天守となる御三階櫓があったが、文化10年（1813年）に焼失している。その御三階櫓の在りし日の雄姿を描くとともに、現在千葉県下有数の桜の名所となっている佐倉城址のイメージをあわせてデザイン化している。また、江戸期に幕政を支えた堀田家の家紋「木瓜紋」も背景としてあしらっている。

頒布場所DATA

販売場所	京成佐倉駅前観光案内所、JR駅前観光情報センター、ふるさと広場売店「佐蘭花」、観光協会オンラインストア、レイクピアウスイ
販売価格	300円（税込） ※オンラインストアは400円（税込）

©山城ガールむつみ

丹羽氏清・氏識、氏勝の丹羽家3代が信長を撃退

横山の戦い

よこやまのたたかい

三代目
岩崎城主
丹羽氏勝
天文二〇年
横山の戦い
分家氏秀織田信長連合軍に勝利
四七〇周年記念
令和三年
岩崎城歴史記念館

❶三代目岩崎城主丹羽氏勝の文字。

❷天文20年に起こったとされる横山の戦い勝利470周年記念証。

❸中央には丹羽家の家紋「丹羽扇」が配置されている。

❹紙はうすあい色で全体に小さな花柄のある紙を使用している。

❺丹羽氏勝のキャラクターイラストが描かれている。

頒布場所DATA

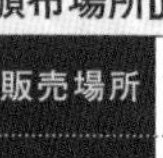

販売場所	岩崎城歴史記念館受付
販売価格	300円（税込）※2021年12月26日までの限定販売。

岩崎丹羽軍が三十挺の鉄砲で信長を撃退したと伝わる

岩崎城は、尾張国山田郡岩崎（愛知県日進市岩崎町）にあった平山城で、本丸跡には6世紀の古墳も残されており、当地の有力者には古くから注目されていた地だった。築城年は不明だが、室町時代末に端を発し、戦国時代は、尾張国の東端を守る織田信秀（織田信長の父）の支城だった。岩崎は、三河国との境近くに位置し、尾張・三河間を往復する街道の要衝地であり、交易の場として栄えていたようだ。

文明年間（1470年前後）から、当地方の豪族だった丹羽氏の居城となり、天文20年（1551）の岩崎城主は、丹羽氏識だった。この年、藤島城（日進市藤島町）を居城とする一族の丹羽氏秀（氏識の父氏清の従兄弟）が岩崎城の丹羽氏清・氏識を攻撃するという内紛が起こった。これは、下剋上の時代、珍しいことではなかった。

だが、このとき、氏秀は、当時18歳だった織田信長に援軍を頼んだのだ。そして、求めに応じた信長が、横山（日進市岩崎町北高上付近）に差し掛かったときに、信長

の進軍を知って待ち伏せをしていた岩崎丹羽軍に急襲され、信長軍は敗退。その後、氏秀親子は、三河へ逃げ延びるという事態になった。

　これが、「横山の戦い」である。ただし、この戦いが記されているのは、寛政2年（1790）頃に成立した丹羽家の『寛政大名家譜』下巻の「軍功録」いわゆる「丹羽氏軍功録」のみだ。一般的に私家の記録は、自家の視点のみで述べられており、かつ尾ひれがつくことも少なからずあるので、どこまで史実なのか、評価が定まらないことが多い。

　ただ、注目すべきは、岩崎丹羽軍が三十挺の鉄砲で、信長軍を撃ったとある点だ。信長軍は、人馬騒動し、大混乱に陥ったという。確かに、突然の銃砲で驚くのは人よりもむしろ馬だったかもしれない。

　丹羽軍の鉄砲攻撃が史実なら、横山の戦いは、鉄砲の威力を肌で知った信長が3年後の村木砦の戦いで、初めて鉄砲を使用し、長篠・設楽原の合戦で新戦法三段撃ちを編み出すきっかけとなったともいえる。そうであれば、信長にとって意味のある敗戦であり、横山の戦いが、歴史上、戦術のターニングポイントになった可能性も否定できないだろう。

　なお、岩崎城は、天正12年（1584）の小牧・長久手の戦いの舞台になり、氏識の孫にあたる氏次（うじつぐ）は、織田氏に仕え活躍、その後、徳川家康の配下となって関ヶ原の戦いでも功を遂げた。

にわさきくん会遇記念証

岩崎城マスコットキャラクター「にわさきくん」の出陣日に、会遇記念として限定配布される記念証。そのため、出陣日のみ購入可（※出陣日は岩崎城HP参照）。にわさきくんが文字から顔を出すデザインで、紙の色は「とりのこ色」を使用している。

頒布場所DATA

販売場所	岩崎城歴史記念館受付
販売価格	300円（税込）

岩崎城登城記念証

岩崎城の文字が隷書体で書かれ、中央には丹羽家の家紋「丹羽扇」が配置されている。右下には岩崎城マスコットキャラクター「かんすけくん」が描かれている。勘助は丹羽氏勝以降の丹羽家当主の通称名。

頒布場所DATA

販売場所	岩崎城歴史記念館受付
販売価格	200円（税込）

天文と永禄の二度に渡り行われた
国府台合戦
こうのだいかっせん

❶第一次国府台合戦で戦った足利氏「二つ引両」と北条氏の家紋「三つ鱗」を上下に配置。

❷第二次国府台合戦で戦った里見氏(二つ引両)と北条氏の家紋を左下に配置し、動乱の戦国時代をイメージしている。

❸自ら陣頭に立ち、指揮をとったと伝わる義明の雄姿を描いた絵がモチーフになっている。

頒布場所DATA

販売場所	いちかわ観光物産インフォメーション、道の駅いちかわ、歴×トキにて通販
販売価格	300円(税込)

激しい戦いが行われた国府台城

国府台城は、旧利根川水系である太日川(現在の江戸川)沿いの標高25mほどの断崖上に築かれ、現在は、里見公園として整備され、堀切、空堀跡のなごりと見られる切通し状の坂道などが残っている。公園整備や戦時中の軍隊利用によって、当時の姿からかなり改変されたが、土塁や櫓台と思われる遺構が確認できる。国府台は、眼下に渡河点があったため、度重なる合戦の舞台となった。

「国府台」という地名は、下総国の国府があった台地から付けられた。国府が置かれた地であることからも、この地が古代からの交通の要衝であることがうかがえる。

また、国府台城の北東にある国府神社は1087年に創建されたと伝えられ、ヤマトタケルが川を渡ろうとしたときに、この地がたくさんの河川が入り込むデルタ地帯であったため、浅瀬が見つからずに困っていると、どこからかコウノトリが飛んできて、渡るポイントを教えてくれたという。そのため、この地が「鴻の台」と名付けら

国府台城跡は、現在里見公園として整備されている。園内には、かつての城郭遺構が現存している。江戸時代には里見軍の慰霊のための供養塔が建てられている。

れたという逸話もある。

国府台城は太田道灌が文明10年（１４７９年）の境根原合戦で陣を敷き、翌年の臼井城の攻めの際に道灌の弟の資忠（一説には甥とも）が本格的に築城したと伝わっている。

境根原合戦や臼井城攻めは、享徳の乱における千葉一族の内訌に端を発し、さらに、長尾景春の乱の影響から起こった扇ガ谷上杉氏と千葉氏の抗争である。

さかのぼると治承4年（１１８０年）、石橋山合戦で敗れた源頼朝が房総半島に渡り態勢を整える際に拠ったのが下総国府とされており、このことからも重要な地であることが分かる。

戦国期には第一次国府台合戦、第二次国府台合戦と呼ばれる、大きな合戦が行われ、関東の諸勢力がここ国府台城で激戦を繰り広げた。

天文7年（１５３８年）の第一次国府台合戦では、古河公方足利晴氏の意を受けた北条氏綱と小弓公方足利義明が戦い、氏綱が勝利。義明と嫡男義純らは壮絶な討ち死にを遂げた。

永禄7年（１５６４年）の第二次国府台合戦では、北条氏と里見氏が戦い、激しい戦闘の末、里見氏が退却。これにより、北条氏が上総国へと進出することになる。

政宗が蘆名義広を破り「南奥州の覇者」へ

摺上原の戦い

すりあげはらのたたかい

❶摺上原の戦いに次いで行われた激戦の様子が描かれている。

❷伊達氏の家紋「仙台笹」が配置されている。

❸水玉模様がデザインされている。

頒布場所DATA

販売場所	奥州王ネットショップ
販売価格	※常陸御城印20枚セットの予約者限定プレゼント品

鎌倉以来の名族 蘆名氏が滅亡した

最上・大崎氏らと和睦した伊達政宗は、それまで北境の守りにつかせていた軍兵を動員し、南下した。

天正17年（1589）5月、蘆名義広の領国に駒を進め、蘆名・二階堂氏の動きを牽制しながら相馬義胤を攻めた。

一方、重臣、猪苗代盛国の謀反を知った義広は、本拠地黒川城（のちの会津若松城）を奪われると判断し、6月3日の夜、須賀川の陣を撤退し、6月5日午前2時頃、1万6千の兵を率いて黒川城を出発し、猪苗代に向かった。義広の胸中には、政宗との決戦よりも、謀反人・猪苗代盛国を誅伐するための出陣という意識が強かったであろう。

義広が黒川城に着いたちょうど同じころ、政宗も猪苗代盛国の猪苗代城（亀ヶ城ともいう）に入っている。

6月5日午前6時頃、湯達沢付近で戦いの火ぶたが切って落とされた。内応者が、その忠誠心を試されるため、蘆名を裏切った盛国が先陣を取る形で、蘆名の先陣富田隆実と衝突したのである。

浮世絵風戦国武将印
伊達政宗（山形陣羽織 ver）
戦国武将を浮世絵風に描いた武将印。製作が難しいとされる高級和紙に、日本の職人が一つ一つ丁寧に加工製作している。

頒布場所DATA

販売場所	二ノ丸茶屋（白河小峰城内）
販売価格	300（税込）

伊達方の先陣、盛国隊を追いつめ、蘆名勢が優勢に戦いを進めたものの、蘆名軍の第二陣佐瀬河内守以下の諸隊は、戦闘に加わる動きが見られなかった。

富田隊が崩れるとともに、蘆名勢は足並みが乱れ、敗走することになった。蘆名軍が敗走を始める前に、伊達勢が日橋川の橋を落としていたため、追い込まれた敗走兵たちの多くが川に落ち、溺死する兵が続出したという。午後4時頃、戦いの決着は完全についた。蘆名勢の完敗である。

義広の周りには30騎ほどしか残らず、一旦、黒川城に逃れた義広だが、摺上原の戦いで主力ともいうべき2千の軍兵を失った義広に黒川城を支える力はなく、政宗に攻められる前に城を脱出し、10日の夜、黒川を捨てて白河に走り、自分の生家である佐竹氏を頼って落ちていったのである。政宗は6月5日のたった一日の戦いで、勝利を収め、広大な土地を手に入れたのである。

6月11日、難なく黒川城に入り広大な地域を手中に収めた政宗は、それまでの米沢城から、居城をこの黒川に移している。この戦いによって、鎌倉以来の名族、蘆名氏は滅亡した。

しかしその後、政宗がとったこの戦いの行動は、豊臣秀吉が進める「惣無事」を無視する行動であったため、摺上原の勝利で得た、会津・大沼・河沼、那麻の四郡のほか、安積郡の一部、下野国（栃木県）塩谷郡の一部、越後国（新潟県）蒲原郡の一部という広大な土地を没収されることになるのである。

東北版〝関ヶ原の戦い〟

慶長出羽合戦

けいちょうでわかっせん

慶長出羽合戦　長谷堂城の戦い
上方にて敗軍の由告げ来りけれども、直江少しも臆せず、心静かに陣払いの様子、誠に景虎武勇の強き事にて、残りたりと、斜ならず感じ給う
長谷堂城
登城記念
令和　年　月　日

❶長谷堂城の戦いが行われた長谷堂城の御城印。直江兼続の兜の前立に付いた「愛」の字が中央に配置されている。

❷右上に最上義光の家紋「丸に二つ引両」、左下に伝直江軍部隊の軍旗に描かれた雁金。

頒布場所DATA

販売場所	奥州王ネットショップ
販売価格	2500円(税込)※上杉特別限定箔押御城印5枚セット。ネット通販(奥州王)で購入可能。

東軍の最上VS西軍の上杉

出羽山形城の最上義光(もがみよしあき)が東軍、陸奥会津の上杉景勝が西軍に分かれて山形県内で戦った。両者ははじめ手を結んでいた。

慶長5年（1600）7月、徳川家康による度重なる上洛命令を黙殺していた上杉景勝は、ついに家康の大軍に攻められることになった。最上義光の甥である伊達政宗はこれを好機ととらえ、景勝が陸奥白石城を離れた隙間をぬって急襲する。これを受けた義光は景勝と手を切り、家康陣営の東軍に属するようになる。これに怒った景勝が執政直江兼続(なおえかねつぐ)に命じて最上勢を攻めさせたのが、東北版関ヶ原の戦いとも呼ばれる長谷堂城の戦いである。景勝から攻められることになった義光は、本城の山形城、支城の上山城・長谷堂城の3つの城を拠点として、上杉勢を迎え撃つ。

直江兼続率いる上杉勢2万余は、まず出羽畑谷城を攻撃。城主江口光清(えぐちあききよ)ら300余の最上勢は子女を城外に逃がしたうえで上杉勢を迎え撃つが、全員が討ち取られてしまう。畑谷城を落とした上杉勢は長谷堂城に向かった。

慶長出羽合戦 開戦の地
対上杉用 三重堀の強固な空堀
畑谷城
登城記念
令和 年 月 日

畑谷城
開戦の地である畑谷城の御城印。直江兼続の兜前立に付いた「愛」、伊達氏の家紋「仙台笹」、最上氏の家紋「丸に二つ引両」などが配置されている。

頒布場所DATA

販売場所	奥州王ネットショップ
販売価格	2500円(税込)※上杉特別限定箔押御城印5枚セット。ネット通販(奥州王)で購入可能。

その頃、兼続の一隊とは別に、上杉勢の本村親盛(ほむらちかもり)・清水康徳(しみずやすのり)らは出羽上山城に向かう。上山城主・里見越後守は山形城に入っていたため、上山城は子の里見民部少輔(さとみみんぶのしょう)以下５００余で守っていた。そこで民部少輔は上山城に籠城することなく、３００余の兵を率いて上杉軍を襲撃する。急襲を受けた上杉勢は大将の本村親盛を失い、総崩れとなって敗走した。

関ヶ原の戦いとちょうど同じ9月15日、畑谷城を落とした直江兼続率いる上杉勢は、総攻撃をかけるべく義光の重臣志村光安(しむらみつやす)らが守る長谷堂城を包囲する。山形城から南西約8キロメートルのあたりにあった支城・長谷堂城が落ちれば、山形城は上杉勢の2万余の大軍に包囲されることになってしまうため、光安らが守る長谷堂城は１０００余の寡兵ながら容易には落ちなかった。だがこのころ、上杉景勝の重臣志駄義秀(しだよしひで)によって、最上領の支城である寒河江城や白岩城なども落とされていた。こうした状況をふまえて山形城の義光は甥の政宗に援軍を要請、9月16日、政宗は３０００余の兵を山形に向かわせた。

籠城戦が半月におよんだ9月30日、関ヶ原本戦の結果が両陣営にもたらされると、景勝は上杉勢全軍に撤退を命じる。長谷堂城を包囲していた直江兼続が撤退すると志駄義秀も寒河江・白岩城から撤退し、城代を務めていた酒田城を明け渡して降伏した。

戦国福島の〝関ヶ原の戦い〟

松川合戦（まつかわかっせん）

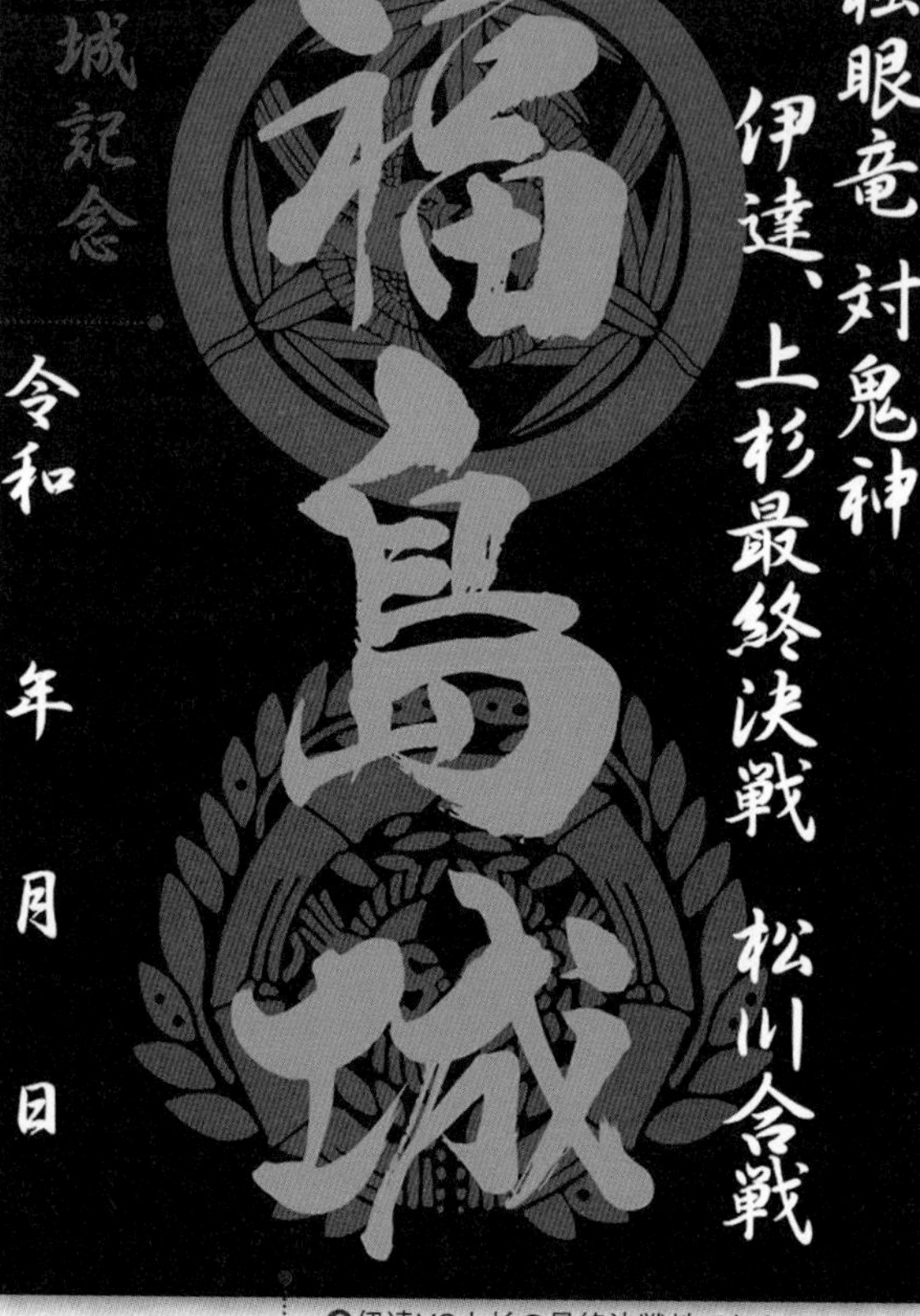

❶上杉氏の家紋「竹に雀」と本庄氏の家紋「仙台笹」が配置されている。

❷伊達VS上杉の最終決戦地である福島城の御城印。

頒布場所DATA

販売場所	奥州王ネットショップ
販売価格	2500円（税込）※上杉特別限定箔押御城印5枚セット。ネット通販（奥州王）で購入可能。

伊達政宗、敗走す

松川は、山形県米沢市の吾妻連峰の峰々を源流とし、東へ流れて福島盆地に入り、盆地中央の信夫山の北側を流れて阿武隈川に合流する。この松川を挟んで豊臣方の上杉氏と徳川方の伊達氏が争ったのが、「松川の合戦」だ。ただし、このときの松川は信夫山の南側を流れており、現在のように北側を流れるようになったのは、寛永14年（1637）の大洪水による。

伊達政宗は、永禄10年（1567）に、出羽国米沢城で生まれた。天正12年（1584）に父・輝宗から家督を相続し、17代当主となった。

天正15年（1587）、豊臣秀吉は九州を平定すると、関東・東北の大名に対して、私的な紛争を禁止する惣無事の論理を進める。しかし、まだ若かった政宗は、それに従わず、戦を繰り返していた。

そのため、秀吉は、天正18年（1590）の小田原攻めに政宗が遅れたことなどを理由に会津黒川を召し上げ、さらに、奥羽仕置（東北の大名の処分と配置替え）を行い、会津には蒲生氏郷を92万石で入れ、政宗は、

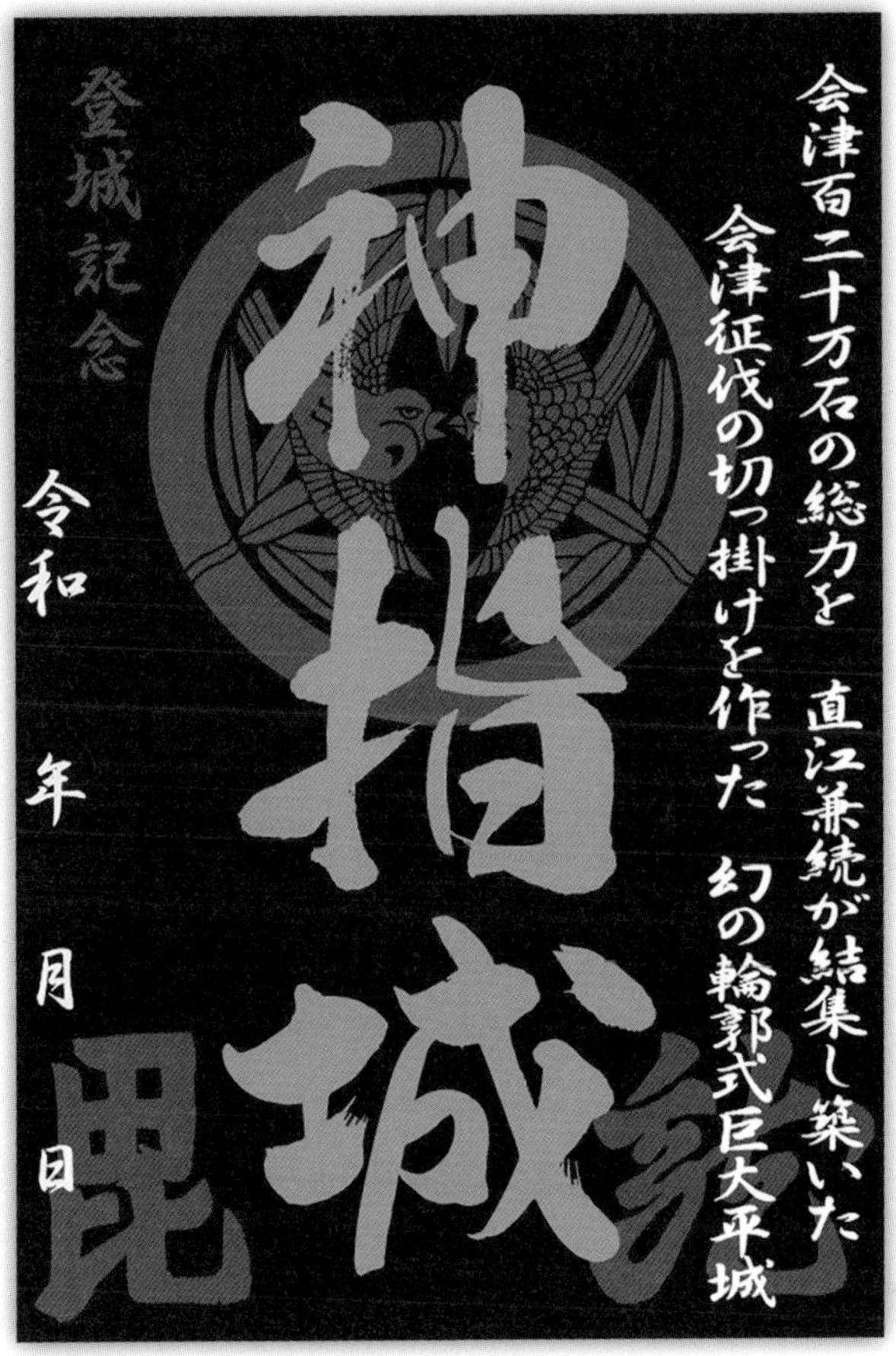

神指城

幻の城となった神指城の御城印。上杉氏の家紋「竹に雀」や旗印などに用いられた「毘」が配置されている。

頒布場所DATA

販売場所	奥州王ネットショップ
販売価格	2500円(税込)※上杉特別限定箔押御城印5枚セット。ネット通販(奥州王)で購入可能。

72万石に減封された。その後も奥羽再仕置があり、政宗は、米沢から岩出山(いわでやま)に移され58万石となってしまった。

一方、徳川家康は、慶長5年（1600）、会津の上杉景勝攻めに出陣するが、途中で石田三成の挙兵を知って戻り、その任を政宗に命じる。その際、家康は、政宗に49万5000石を与える約束をした。そうなれば、政宗の領地は100万石を超えることになるので、これは「百万石の御墨付(おすみつき)」と呼ばれた。

同年9月15日の関ヶ原の戦いでは、政宗は東軍に加担し勝利した。そして、「百万石の御墨付」を確実にしようと、10月15日、北目城(きためじょう)（仙台市）を出発、福島盆地の信達へ進撃を開始する。

一方、上杉方は、福島城に本庄繁長(ほんじょうしげなが)、梁川城(やながわじょう)に須田長義(すだながよし)を配置し、政宗の侵攻に備えた。福島城下に進んだ伊達軍は、信夫山の黒沼神社付近に陣を設け、松川を挟んで福島城の本庄繁長と対峙する。

ところが、梁川城の須田長義が背後から伊達軍の武器や食料の運搬隊の小荷駄方(こにだかた)を襲うと、混乱した伊達軍は、本陣の帷幕(いばく)（垂れ幕）を奪われ、敗走を余儀なくされた。

その後、「百万石の御墨付」は反故(ほご)となり、約束の地で伊達領となったのは、刈田（宮城県刈田郡）のみだった。

戦国時代最大の攻城戦

山中城の戦い

やまなかじょうのたたかい

山中城跡
天正一八年弥生二九日
山中城合戦四三〇周年
年 月 日

❶城主の北条氏の家紋「三つ鱗」が配置されている。

❷落城時の城将であった松田氏の「組み直違紋」が配置されている。

❸山中城合戦430周年記念の限定御城印。430周年にちなみ430枚限定で発行された。

頒布場所DATA

販売場所	山中城跡 案内所・売店
販売価格	300円(税込)

箱根山中腹の名城・山中城豊臣軍の猛攻に半日で落城す

山中城は、箱根山中腹の標高580メートルにあり、城の範囲は、東西500メートル、南北1000メートルにも及ぶ。石垣を使わず土塁と堀で構成され、天守もない全国でも珍しい山城で、西櫓からは御殿場・裾野方面が、山中城の最前線基地の岱崎城の出丸からは、伊豆北部と駿東の大半を一望のもとに見渡すことができた。また、この城は、戦国時代末期に後北条氏の北条氏政が、小田原城の支城として築いたもので、小田原の西の防衛にとって重要拠点であった。

天正18年(1590)3月29日早朝、豊臣秀吉は約7万人の軍勢で、山中城を取り囲んだ。全国制覇を目指す総仕上げとして後北条氏の討伐に向かったのだ。右翼に池田輝政以下2万人、左翼に徳川家康以下3万人、中央は、総大将の豊臣秀次以下、中村一氏、一柳直末、山内一豊、堀尾吉晴など総勢2万人が、三手に分かれて陣を敷いた。

これを迎え撃つは、城主・松田康長、援

将・北条氏勝、間宮康俊以下わずか4千。戦いは、岱崎出丸と西櫓から開始され、激しい銃撃戦となった。豊臣軍・先鋒の一柳隊は、直末自身が流れ弾により戦死、壊滅状態となった。中村隊も岱崎出丸に執拗に攻撃を繰り返したが、応戦され苦戦。それでも数に勝る豊臣軍は、渡辺勘兵衛が一番乗りを果たすと勢いに乗り、二ノ丸に攻め込んだ。そして本丸へと攻め上がり、後北条軍はついに壊滅。城主の松田康長も戦死を遂げ、正午過ぎには落城したと伝えられている。北条氏勝は、自身の城である相模玉縄城に逃げ戻った。両軍の戦死者は、約2千人にも及び、戦国時代最大の攻城戦とされている。

豊臣軍の勝因は、もちろん、圧倒的な兵士の数の差だ。城攻めは、攻める側が、防御の難しさから不利とされ、正面切っての力攻めは行わないのが普通だ。しかし、その不利を補って余りあるほど戦力に差があった。だからこそその力技ではあったが、そこには、小牧・長久手の戦いで襲撃され命からがら逃げ帰った汚名を注ごうとする豊臣秀次の、決死の覚悟の表れがあったと考えられている。秀吉が見ている前で功名を上げる、最後のチャンスでもあったのだ。

豊臣軍は、その後も進軍を続け、4月5日には、小田原城を包囲する。そして、天正18年（1590）7月5日に、北条氏直が小田原城を開城して豊臣秀吉に降伏し、天下統一が果たされた。

山中城御城印カラー版
山中城跡を背景に、北条氏の家紋「三つ鱗」と松田氏の「組み直違紋」が配置されている。

頒布場所DATA

販売場所	山中城跡案内所・売店
販売価格	300円（税込）

墨城印「山中城」
障子堀で有名な山中城の遺構を墨絵で表現。中央には北条氏の家紋「三つ鱗」が配置されている。

頒布場所DATA

販売場所	戦国魂
販売価格	330円（税込）

尼子氏の居城目前の戦い

白鹿城の戦い

しらがじょうのたたかい

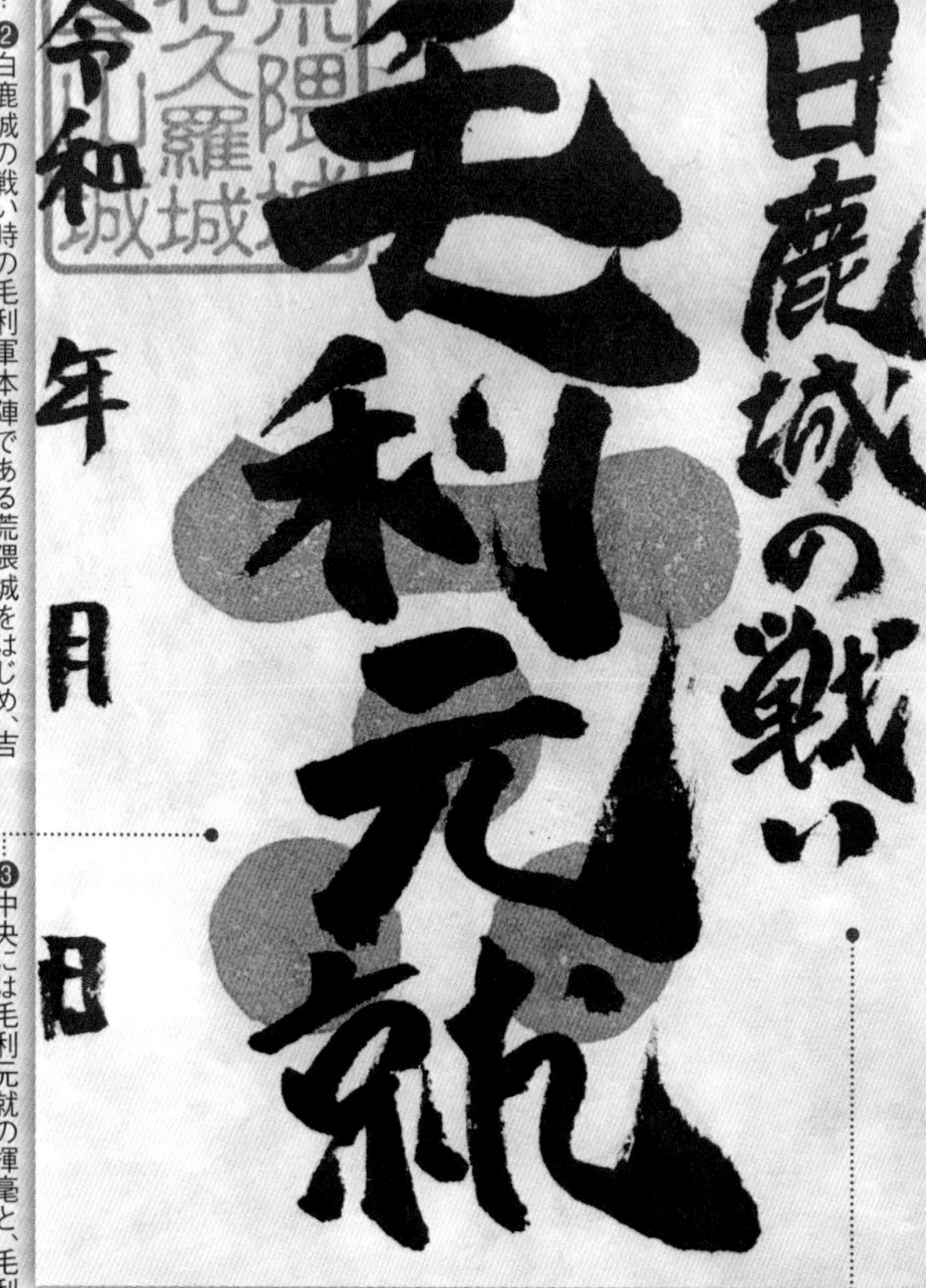

❶月山富田城の補給路を断つため、「尼子十旗第一の支城・白鹿城」を激戦の末攻め落とした白鹿城の戦いにちなむ。

❷白鹿城の戦い時の毛利軍本陣である荒隈城をはじめ、吉川元春の陣城の真山城、中海の制海権を握るための水城和久羅城の印が配置されている。

❸中央には毛利元就の揮毫と、毛利家の家紋「一文字三星紋」が配置されている。

頒布場所DATA

販売場所	美観地区塩見縄手いっぷく処清松庵及び併設の自動販売機
販売価格	500円（税込）※店舗／550円（税込）お茶付き※自販機

いよいよ出雲に入る毛利元就 戦略拠点の白鹿城を攻める

毛利元就は石見を平定し、永禄6年（1563）、ついに尼子氏の本国となる出雲への侵攻を図る。3万の大軍を率いた、本格的な尼子討伐、第二次月山富田城の戦いの始まりであった。

それまで尼子氏は、中国地方の覇権を巡り、周辺諸国と争っていた。尼子経久の時代になると山陰山陽11カ国を手中にし、まさに全盛期を迎える。

その居城となるのは、月山富田城。幾重にも連なる断崖絶壁の砦と、麓を外堀のごとく流れる飯梨川があり、山そのものが天然の要害となっていた。しかし、この鉄壁の城に守られ、栄華を極めた尼子氏にも宿敵がいた。毛利氏である。

尼子氏の打倒と出雲制覇を目指す毛利勢は、富田城攻略のため、元就をはじめ吉川元春、小早川隆景が自ら出雲に乗り込んだ。永禄5年（1562）には、穴道湖北岸の荒隈山に、向城である荒隈城を築いたのである。しかし攻略のためにはまず、半島の拠点である白鹿城を落とす必要があった。

白鹿城跡。廃城となったあと、現在郭や土塁などの遺構が各所に残るのが認められる。

この城は、水運や軍事上の要衝・島根半島の山脈にあり、月山富田城を防衛するための戦略拠点にもなっていたためだ。

ほかにも、尼子氏の居城は尼子十旗と呼ばれる10の支城で守られていたため、この度の毛利軍の侵攻に対しても、これらの支城と本城に籠城を決め込んでいた。しかし支城は毛利軍によって次々と攻略され、いよいよ月山富田城の近くに位置する白鹿城まで迫られたのである。

永禄6年8月、元就は白鹿城に総攻撃を開始。守るは、尼子義久（よしひさ）の父・晴久（はるひさ）の妹婿で、白鹿城主の松田誠保（まさやす）だ。交戦中、義久は月山富田城から弟・倫久を含む1万あまりの軍を後詰に向かわせた。

しかし、2ヶ月にわたる度重なる攻防戦の末、同年10月13日に白鹿城は降伏開城する。誠保は隠岐へ退去し、城兵はすべて本城に送還されることとなった。

一方毛利軍は、同城を落城したその勢いで月山富田城を囲み、総攻撃を開始。しかし、堅城で知られる月山富田城は落城する気配はない。元就は一旦領国に撤退し、3年後の永禄9年（１５６６）、再び同城を包囲。尼子軍は次第に食料に困窮し、元就の謀略にかかるなど、城内の士気も低下。逃亡する者も続出したため、ついに、難攻不落を誇った月山富田城も落城することとなった。中国地方の覇者であった尼子氏も、事実上滅亡することとなったのである。

手取川の戦い

てどりがわのたたかい

"はねる謙信、逃げるとぶ長"の落首が残る

天正五年九月
手取川古戦場
上杉謙信
令和　年　月　日
上杉に逢ふては織田も名取川
はねる謙信逃ぐるとぶ長
織田信長方
柴田勝家
手取川古戦場記念印

❶越後上杉氏の家紋「竹に雀」が配置されている。

❷左下には「手取川古戦場記念印」の印が配置されている。

❸織田氏の家紋「織田木瓜」、織田方総大将である柴田氏の家紋「二つ雁金」が配置されている。

頒布場所DATA

販売場所	白山市観光連盟
販売価格	300円（税込）

上杉謙信が勝家率いる織田軍に完勝

上杉謙信は、能登の治安を回復するとして、天正4年（1576）、能登の重要拠点の七尾城（石川県七尾市）へ進攻する。七尾城の当主は、まだ幼児の畠山春王丸。長続連、嫡男の長綱連ら長一族が実権を握っていた。七尾城は難攻不落の城といわれ、守りが堅固で、上杉謙信もこのときは攻め落とすことができなかった。

そこで、翌・天正5年（1577）9月、謙信は、再び七尾城へ向かった（第二次七尾城の戦い）。畠山軍は今度も籠城し、織田信長に援軍を求めると、信長は、柴田勝家を総大将として約4万の兵を差し向けた。

ところが、長期戦を覚悟して領民をも城内に籠らせたので糞尿の処理が間に合わず、疫病が発生。春王丸もそれで命を落としてしまう。そこで、かねてより長一族と対立していた親謙信派の遊佐続光らが、開門してしまい、あっさり落城した。

それを知らぬ織田軍は進軍を続けたが、9月23日、全軍手取川を渡河し終えたところで、七尾城の落城の知らせを受け、撤退を開始する。

　しかし、上杉謙信は9月15日に七尾城に入ると、18日には約1万2千の兵にて追撃を開始する。まず、手取扇状地の扇央部に位置する松任城（石川県白山市）を攻撃し、城主鏑木頼信と和睦を結び入城。松任城は、平安末期に当地を支配していた松任氏の館として建てられ、その後、一向一揆の松任組の本拠地として城砦化されていた。

　そして、謙信は松任城を出立して、手取川を背にする織田軍を急襲すると、数に勝る織田軍だったが、戦意が整わず、折から増水していた手取川を渡り切れずに、千人あまりの戦死者と多くの溺死者を出して敗退。上杉軍の大勝利に終わった。

　合戦は、手取川右岸で行われたが、対岸の白山市呉竹文庫の駐車場内に古戦場碑が建てられている。そこには、「上杉に逢ふては織田も名取川（手取川）はねる謙信逃げるとぶ長（信長）」との落首（匿名のざれ歌）も記されている。手取川での両者の戦いぶりがよく表れているが、もちろん、信長自身は、参戦していない。

　なお、松任城は、その後の天正8年（1580）柴田勝家によって、落城した。

松任城本丸跡は現在「松任城址公園」として整備されている。写真は当時の太鼓橋をイメージした高欄橋。

上杉謙信 vs. 織田信長(柴田勝家)
天正5年(1577)
手取川古戦場
Tedorigawa Battlefield

北陸城郭プロジェクトが発行している古戦場カード。白山市観光連盟で御城印とともに販売されている。販売価格：200円（税込）。

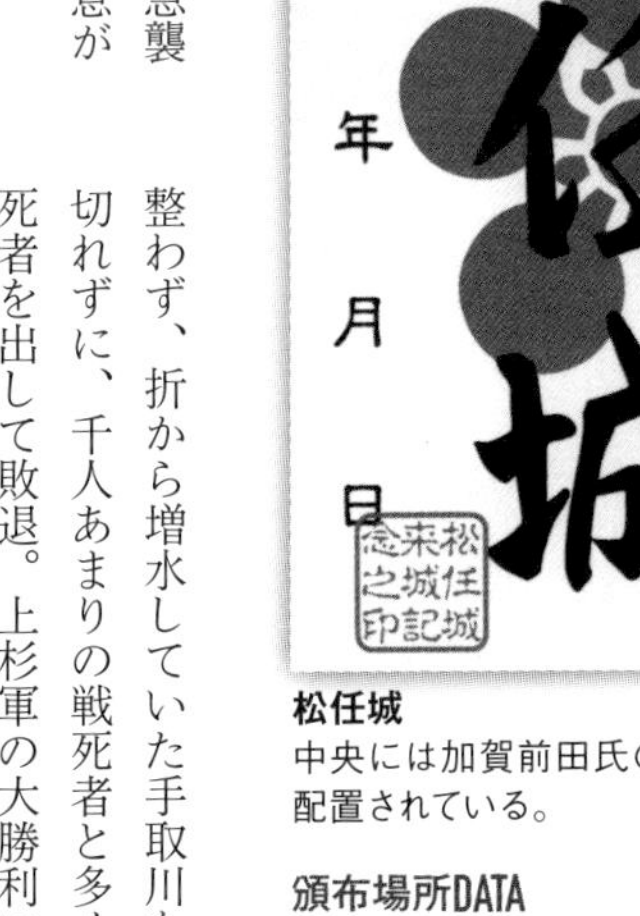

松任城
中央には加賀前田氏の家紋「剣梅鉢」が配置されている。

頒布場所DATA

販売場所	白山市観光連盟
販売価格	300円（税込）

末森合戦

すえもりかっせん

小牧・長久手の戦いに呼応して行われた合戦

❶左上には、佐々氏の家紋「角立て七つ割り四つ目結」と、佐々方越中衆 神保氏の家紋「竪二つ引両」

❷右下には、加賀前田氏の家紋「剣梅鉢紋」、末森城本丸守将・加賀奥村宗家の家紋「丸に変わり九枚笹紋」、末森城二の丸守将・千秋氏の家紋「三葉柏」、末森城三の丸守将・土肥氏の家紋「左三つ巴」が配置されている。

頒布場所DATA

販売場所	のと里山里海ミュージアム あおカフェ
販売価格	300円(税込)

前田利家が勝負をかけた一戦 勝って加賀百万石の礎を築く

戦国時代末期、前田利家の領国の中間地点にあったのが、末森城（石川県宝達志水町）だ。ここは、加賀・能登・越中を結ぶ要衝の地であり、利家は、重臣奥村永福に守らせていた。

本能寺の変の2年後の、天正12年（1584）3月、織田信長の次男・信雄と徳川家康は、連合して、羽柴秀吉に反旗の兵を挙げた。小牧・長久手の戦い（P52）だ。

この時、同じく織田信長の臣下で、当時、越中国富山城（富山県富山市）の主だった佐々成政は、信長の死後、秀吉方にはいたが、もともとそれをよしとしていなかった。成政は、家康・信勝連合軍の善戦を見て、家康に与することにし、秀吉方の前田利家を攻めるため、末森城に兵を集める作戦を立てた。ここを落として、加賀・能登に伸びる利家の領地を寸断するのが、成政の狙いだった。

天正12年（1584）9月8日夜、成政は、1万5千の兵を率いて越中を出発、9日には、末森城下に陣を引いた。そして、10日、攻撃を開始する。

一方の、末森城の奥村永福側は、城将としてわずか５００あまりの兵のみであった。永福は、金沢城の利家に援軍を要請し、応戦するが、三の丸を守っていた土肥伊予守次茂は討ち死にし、二の丸の千秋範昌も佐々軍に押し込まれ、永福が守る本丸に後退した。残るは本丸のみだ。

末森城本丸（主郭）。

急を聞いた利家は、老臣たちの自重論を蹴って10日夜に救援に向かう。末森城が落ちれば、いずれ自分も危うくなる。勝負に出たのだ。２千５００の兵で、海岸沿いに進み、明け方近くに、佐々軍の背後につくことができた。これで落城寸前だった末森城の兵士たちは勢いづき、前後からの挟み撃ちで佐々軍は総崩れとなって敗走した。

その後、成政は越中国を失い、それを利家が手に入れ「加賀百万石」の礎を築くことになった。

勝負の決め手は、利家が浜伝いに兵を進めたことだ。実は、成政は、街道沿いの北川尻に4千の兵を置いていた。利家は知ってか知らでか、そこを迂回した。それを可能にしたのが、固い砂地の浜だった。そこは、現在、車も走行できる「千里浜なぎさドライブウェイ」として知られている。

北陸城郭プロジェクトが発行している古戦場カード。のと里山里海ミュージアム　あおカフェで御城印とともに販売されている。
販売価格：200円（税込）。

前田慶次参戦！末森の合戦
県指定史跡
末森城
令和　年　月　日
末森城記念之印

左上には末森城本丸守将である加賀奥村宗家の家紋「丸に変わり九枚笹」が配置されている。中央には加賀前田氏の家紋「剣梅鉢」が配置されている。

頒布場所DATA

販売場所	のと里山里海ミュージアム　あおカフェ
販売価格	300円(税込)

後に共闘する二家の争い

坊主原の戦い

ぼうずはらのたたかい

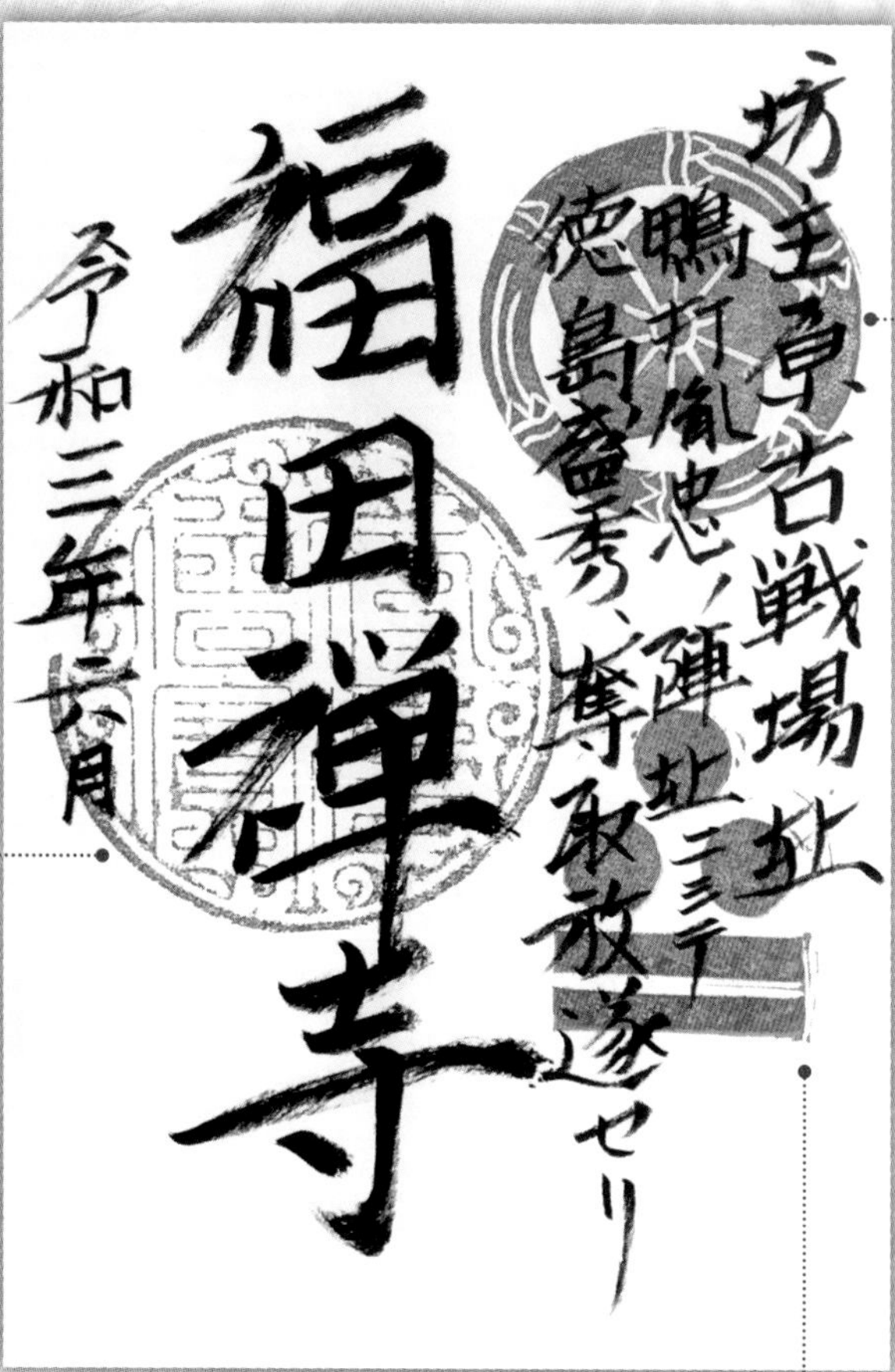

❶右上には徳島氏の家紋「根笹竹林之内桔梗」が押印されている。

❷右下には鴨打氏の家紋「三つ星二つ引両」が押印されている。

❸坊主原古戦場址である福田寺の御朱印。中央には三宝印が押印されている。

頒布場所DATA

販売場所	福田寺寺務所
販売価格	300円（税込）

坊主原の戦いの後福田寺が建立された

江戸時代、末寺が並んでいたため「坊主原」と呼ばれた肥前の芦刈町北部の地。この地一帯は戦国時代、数多の戦が行われ、さまざまな武将が入部した。その戦の一つが、鴨打胤忠と徳島盛秀が争った坊主原の戦いである。

当時、肥前の小城を領土にしていた西千葉家。領地の西方には渋江氏という脅威があったため、一族の千葉義胤に芦刈町の領地を与え、守った。義胤が始めてこの地に入部した際、地元の民に土地の名を尋ねたところ、「徳島」と答えたため、義胤は徳島姓を名乗ることとした。この徳島氏前期の城が、芦刈町浜中にある蝮森城である。浜中城とも呼ばれる、環濠型館城だった。

鴨打胤忠は、居城であった鴨打城の西部、芦刈町の坊主原に、小路の陣所を置いていた。そこに徳島義胤の孫で、のちに龍造寺隆信の家臣となった徳島盛秀が攻め込み奪取。胤忠を放逐した。その後、この地は空き地となっていたが、後に盛秀の妻、於福が亡父である龍造寺家純らの供養のために

芦ヶ里城
九州入りした秀吉が肥前七城の一つとした芦ヶ里城の御城印。中央に城主の神代氏の家紋「立龍木瓜」が押印されている。

陣の森城
徳島氏の後期の城と考えられている陣の森城の御城印。中央に徳島氏の家紋「根笹竹林之内桔梗」が押印されている。

福田寺を建立した。

しかしこの後、徳島氏とともに鴨打氏も龍造寺氏に従い、共に有馬氏討伐で共闘することとなる。

鴨打氏に勝利した徳島氏は、坊主原近くに陣の森城を構える。肥前十七城に数えられ「陣の山」（陣山・珍山）・「小路城」とも呼ばれ、江戸時代の公文書『小城藩着到』では「芦刈城」とも記される城だ。城址は120間（240メートル）四方で、田に侵食され「四方弐丁（218メートル）余りの荒野」が残っていたとされている。

また、この地には、龍造寺隆信の好敵手だった神代家の城である芦ヶ里城も存在していた。天正15年（1587）には、豊臣秀吉によって、「肥前七城」の一つにも認定されている。

神代家は、天正12年（1584）の沖田畷の戦いのち、三瀬（山内）から芦刈に移され、芦刈邑主となった。そして、神代家良から直長までの70～100年近くにわたり、芦刈町に本拠を置き、後の時代にも佐賀藩家老や藩主も輩出している。

福田寺御朱印
「マリア観音」
福田寺所縁の五家（左上から鍋島家、千葉家、徳島氏、龍造寺家、神代家）の家紋が押印されている。

肥前における〝桶狭間の戦い〟

丹坂峠の戦い

にざかとうげのたたかい

❶千葉氏の家紋「月星紋」が押印されている。

❷龍造寺隆信の家紋「十二日足紋」が押印されている。

❸徳島氏の家紋「根笹竹林之内桔梗」が押印されている。

❹鴨打氏の家紋「三つ星二つ引両紋」が押印されている。

頒布場所DATA

販売場所	福田寺寺務所
販売価格	300円（税込）

新興勢力が覇者を破り肥前の形勢を劇的に変えた

西肥前の覇者となっていた有馬家。しかし、永禄6年（1563）、柳鶴の戦いで新興である龍造寺隆信方に敗走し、その後北上。7月25日の未明には、東多久の松瀬から牛津川を渡り、西川で西千葉胤連ら小城衆を撃破した。その勢いで東に押すも、加須村のあたり（今の久蘇）で龍造寺隆信の伏兵に遭遇。そこで来た道をちりぢりに逃げたが、満潮の牛津川で多くの兵を失うこととなった。有馬勢侵攻の前夜、隆信は密かに山道を西進し、加須に伏兵をおいて、有馬勢を待ちかまえていたのである。

この大敗で、西肥前の盟主であった義貞は、隠居の父・有馬仙岩によって国主の地位を引きずり降ろされた。さらに、傘下の戦国武将である後藤貴明（ごとうたかあき）、松浦隆信（まつらたかのぶ）、西郷純尭（さいごうすみたか）の3名が離反して西肥前は一挙に分裂。激しい抗争状態となった。

一方、西肥前からの脅威がなくなった龍造寺隆信は、西肥前に進出。肥前の形勢を劇的に変えた、「肥前の桶狭間」とも呼べる戦いとなった。

肥前の一大勢力有馬家が敗れた

柳鶴の戦い

やなぎつるのたたかい

❶徳島氏の家紋「根笹竹林之内桔梗」が押印されている。

❷鴨打氏の家紋「三つ星二つ引両紋」が押印されている。

頒布場所DATA

販売場所	福田寺寺務所
販売価格	300円（税込）

盤石な体制を築きつつあった肥前の勢力図が傾き始めた

肥前国有馬領主である有馬義貞は、島原半島をはじめとした西肥前を制しており、一大勢力となっていた。

他方、同国で急激に勢力を拡大していたのが、龍造寺隆信である。龍造寺本家の家督を継いだ後、一旦は家臣の反乱により佐嘉から筑後に逃れたものの、2年後には佐嘉城を回復。弘治元年（1555）に少弐冬尚を撃破し、同年に神代勝利を攻め立て、筑前に敗走させた。また、陶晴賢の滅亡後には毛利氏に通じ、盤石な体制を築きつつあった。

そんな折、永禄6年（1563）に、砥川の村々が有馬家から離反し、龍造寺家に寝返った。そして、両陣営の境目となる雁津に城をかまえたのである。

有馬家はこの反乱を抑えるべく、軍勢を派遣。牛津川を渡って芦刈町に侵攻し、鴨打城を包囲した。しかし徳島・鴨打勢の活躍によって敗走を余儀なくされ、柳鶴の入江で殲滅された。

壇ノ浦の戦い（源平合戦）

だんのうらのたたかい（げんぺいかっせん）

「治承・寿永の乱」の最後の戦い

奉拝　大歳神社

源平合戦八三六年五月一日

❶上部に右三つ巴の社紋が押印されている。

❷「源平合戦八三六年」と参拝日が記される。

❸赤間神宮と大歳神社は、下関に初夏の到来を告げる「先帝祭」が2020年に続いて神事以外の行事が中止になったことを受けて、合同で「源平御朱印」を奉製した。この「源平コラボ御朱印 大歳神社」は、下部に源氏の旗印であるササリンドウが押印されている。

頒布場所DATA

販売場所	※現在は終了
販売価格	500円（初穂料）

平氏滅亡の地・壇ノ浦 安徳天皇・入水の悲劇

寿永3／元暦元年（1184）2月、源義経と源範頼が、摂津国一ノ谷（神戸市須磨区）において、平氏を打ち破る（一ノ谷の戦い）と、平氏の総大将・平宗盛は、讃岐国屋島（香川県高松市）に逃れた。すると、源義経は、翌・寿永4／元暦2年（1185）2月、屋島の戦いにて、さらに平氏を追い詰める。平氏軍は、たまらず長門国彦島（山口県下関市）に敗走した。

同年3月、平知盛率いる平氏が、彦島から出陣、源義経は関門海峡壇ノ浦の海上にて待ち構えていた。これが、壇ノ浦の戦いの始まりだった。鎌倉幕府編纂の『吾妻鏡』によれば、「平家は五百艘の船を三手に分けた」と記され、一方の源氏は、八百三十艘の船にて応戦したという説が有力だ。合戦当初は、海上での戦に長けた平氏が潮の流れを味方につけて優位に立ったが、潮目が変わると形勢逆転、義経の一気の攻めに平氏の軍は、壊乱状態に陥った。

戦いは、昼過ぎには決し、平氏軍は壊滅。平氏が奉じていた御年6歳の安徳天皇は、宝剣（草薙剣）を腰に差し、神璽（八尺瓊勾玉）を抱えながら、平時子（二位尼）に抱かれて入水したという。

現在、関門橋のたもとには、みもすそ川公園があり、「壇の浦古戦場址」「安徳帝御入水之処」の碑と「源義経・平知盛」の像が建てられている。

この安徳天皇をお祀りしたのが下関市阿弥陀寺町にある赤間神宮だ。当時、安徳天皇は、赤間関紅石山山麓阿弥陀寺境内に建立された御影堂に奉葬された。明治の廃仏毀釈で、御影堂は赤間宮に改められ、昭和に入って赤間神宮と名が改まって、現在に至っている。

一方、源義経にゆかりがあるのが、下関市竹崎町の大歳神社だ。同社の由緒書きによれば、義経は、壇ノ浦の戦いの前に、武運の守護神と仰ぐ富士浅間神社の氏神、大歳御祖大神の神助を請いたとされる。平家が布陣を構える彦島を望む有明山（大歳山）に小松を植え、篝火を焚き、二日二夜にわたって斎戒沐浴をした後、祈願をしたと伝えられている。壇ノ浦の戦いの翌年の文治2年（1186）、四軒の漁民が義経の祈願の有様を畏敬して神祠を祀ったことが大歳神社の由緒となっている。

源平コラボ御朱印 赤間神宮

赤間神宮のコラボ御朱印には、上部に菊の社紋、下部に平家ゆかりのアゲハチョウが押印されている。

頒布場所DATA

販売場所	※現在は終了
販売価格	500円（初穂料）

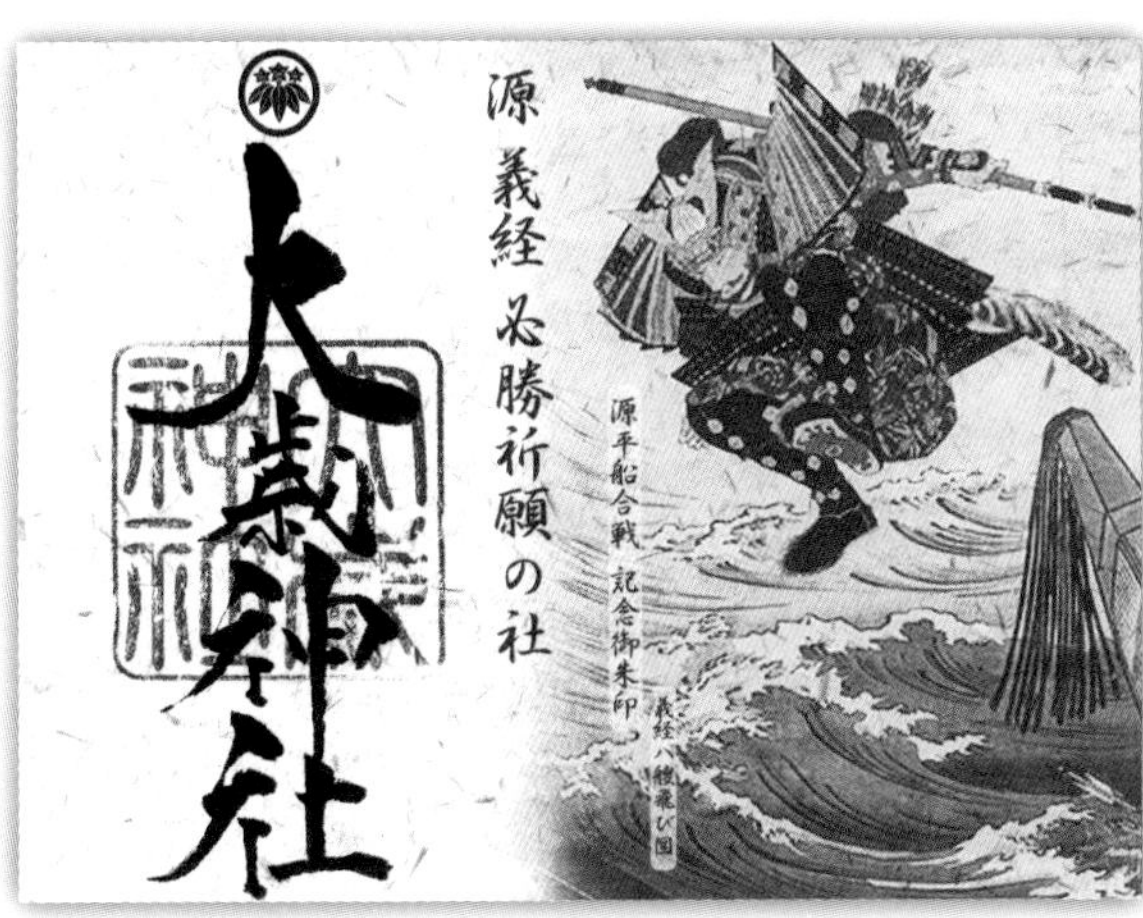

源平船合戦 限定御朱印「義経八艘飛」

壇ノ浦の戦いで、源義経が敵から逃げるために二丈（6m）ばかり離れた味方の船にひらりと飛び移ったという逸話に因んだ御朱印。200部限定。

頒布場所DATA

販売場所	WEB授与所（https://ootoshi.official.ec/）
販売価格	800円（税込）

幕府軍と新政府軍が激突

鳥羽・伏見の戦い

とば・ふしみのたたかい

淀城元

長圓寺

❶長円寺では「閻魔札朱印」として2枚1組で発行している。授与期間は4～7月末、10月～1月末で、毎回別の御朱印が授与される。

❷長円寺は建立時、今の淀城付近にあった。淀城再建の時（400年以上昔）に、現在の場所に移転した。長円寺が淀城ゆかりの方々の供養も勤めるお寺であることにちなんだ御朱印。

❸鳥羽・伏見の戦いの負傷者・戦死者が長円寺に運ばれ、淀の戦いの中で幕府軍の野戦病院となったことにちなみ、「鳥羽・伏見の戦い　慶應四年正月」の印が押されている。

販売場所	長円寺閻魔堂内（閻魔様前）
販売価格	2枚1組で1000円（税込）※令和3年7月末まで

旧幕府軍、鳥羽・伏見で大敗 新政府軍との戊辰戦争に突入

慶応3年（1867）、徳川15代将軍・徳川慶喜（よしのぶ）は、10月14日、大政奉還を上奏し、政権を朝廷に返上した。260年続いた徳川の時代はここに終わりを告げた。しかし、新体制となっても朝廷にはまだ力がなかったので、慶喜は、そのまま主導的な役割を堅持しようと画策した。

12月9日の「王政復古の大号令」後も、辞官納地を行わず権力の維持を目指す慶喜に危機感を抱いた薩長の武力討幕派は、江戸で挑発的行動を繰り返した。すると、激怒した旧幕府軍の会津・桑名藩兵は、江戸・薩摩藩邸を焼き討ちしてしまう。そして、幕兵や会津、桑名両藩を主力とする佐幕系の兵が、「君側の奸を払う」という名目のもとに、慶喜の本営・大坂城を出発、鳥羽および伏見から、京都へ進撃しようとした。その数、およそ1万5000。

一方、新政府も、薩摩、長州両藩兵ら4500人を組織し、慶応4年（1868）1月3日、鳥羽と伏見で、ほぼ同時に両軍が激突した。

兵の数で勝る旧幕府軍ではあったが、6日には、戦いが終了し、旧幕府軍は、大敗。慶喜は、大坂湾に停泊していた幕府・軍艦開陽丸で江戸へ逃れた。この結果、新政府内での討幕派の主導権が確定し、2月9日、慶喜追討軍が東征に向かった。戊辰(ぼしん)戦争の始まりだった。

兵力が新政府軍のおよそ3倍の旧幕府軍がなぜ負けたのか、理由の一つは、装備力の差だといわれている。しかし、それだけではない。慶喜は、もともと武力での解決は望んでおらず、政治力はあっても、長く戦のなかった江戸末期、百戦錬磨の戦国武将のような戦闘能力は持ち合わせていなかった。旧幕府軍には、全体をまとめる大将がいなかったのだ。だから、軍師も存在せず戦略と呼べるものがなかった。1万5000の兵がバラバラだったのだ。さらに新政府軍の不意の攻撃に狼狽し、浮足立ってしまった。

そして、一番の理由は、「錦の御旗」だ。錦の御旗は、天皇が官軍の大将に与えるもので、旗が掲げられたことで、新政府軍が官軍、旧幕府軍が賊軍という図式になってしまった。このときの旗は、岩倉具視(いわくらともみ)が大久保利通(おおくぼとしみち)らに委嘱し事前に用意したものだとされているが、実は偽物だったという説もあり、真偽は不明。しかし、効果的であったことは間違いがない。朝敵になること

閻魔札朱印「悟印」
長円寺に安置されている「インドのブッダガヤ（お釈迦様お悟りの地）より日本に来られた仏様」にちなんだ御朱印。「天上天下唯我独尊」「悟」と書かれている。この仏様はお釈迦様が悟りを開かれた時の姿をしている。

長円寺は阿弥陀如来を御本尊とする浄土宗のお寺である。大阪から京都に向かう京街道の途中、淀の入口に建立され、江戸時代から多くの人の信仰を集めている。境内には閻魔堂・観音堂がある。

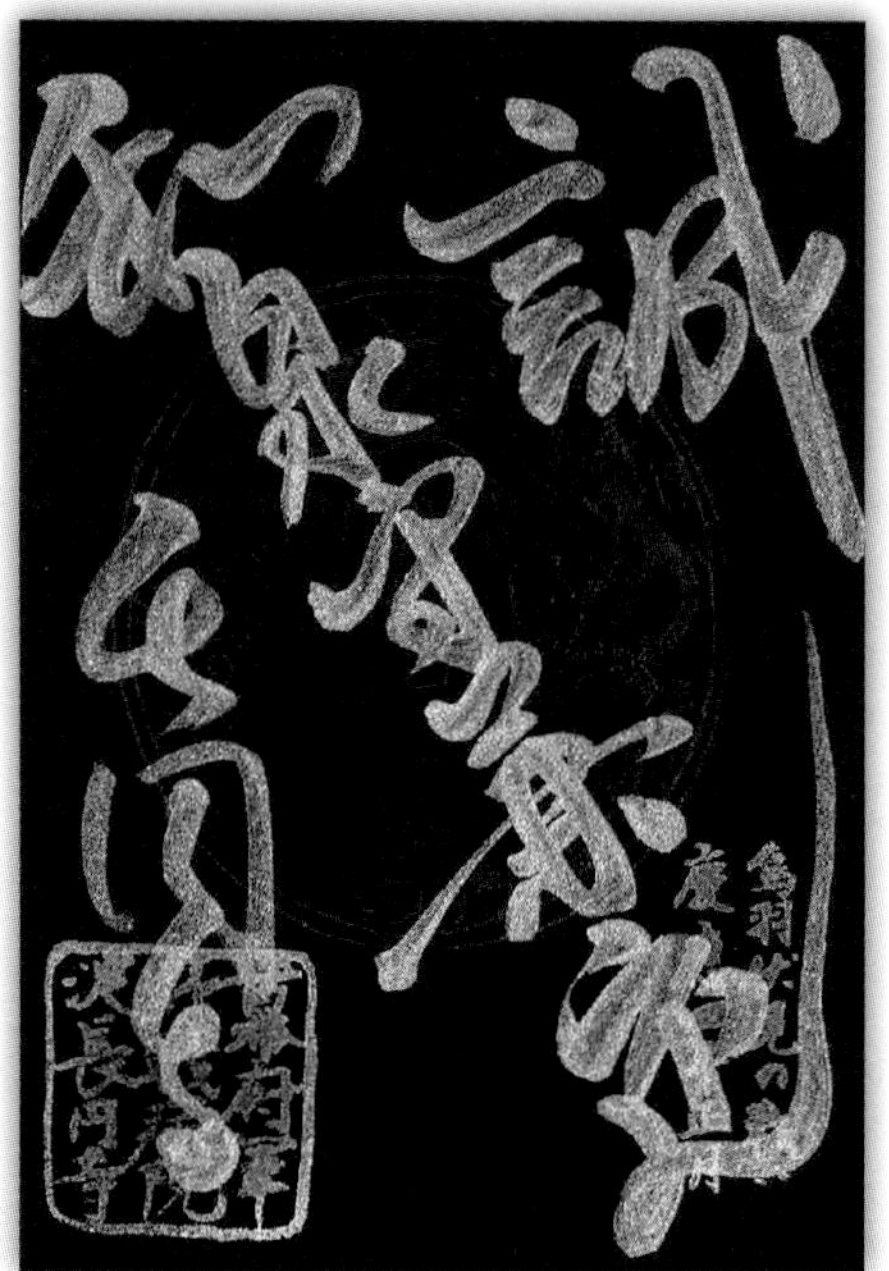

閻魔札朱印
「長円寺奉納和泉守兼定の御朱印」
中央の印は刀の鍔をイメージ。幕府軍野戦病院淀長円寺の印が押されている。
※「壬生の狼の御朱印」と2枚1組。令和３年1月末に授与が終了している。

閻魔札朱印
「壬生の狼の御朱印」
鳥羽伏見の戦いで新選組を守護した長円寺閻魔王にちなんだ御朱印。
※「長円寺奉納和泉守兼定の御朱印」と2枚1組。令和３年1月末に授与が終了している。

頒布場所DATA

販売場所	長円寺閻魔堂内（閻魔様前）
販売価格	2枚1組で1000円（税込） ※現在は終了

閻魔堂に祀られている閻魔王は新選組・幕府軍も拝んだ閻魔王で、長円寺が戦場にならず、幕府軍の治療・戦死者の供養を続けられたのには、閻魔王の前で争い、罪を犯すことはできなかったためと伝えられる。

を恐れた佐幕派の藩兵の多くが、退却してしまったようだ。新政府軍の作戦勝ちといえるだろう。

伏見での戦いでは、浄土宗の長円寺（京都市伏見区淀新町）における逸話が残されている。伏見の戦いにおける旧幕府軍は、幕兵、会津藩兵のほか、新選組、見廻組も参加していた。淀・千両松に布陣して、政府軍を迎え撃つが、敗色濃厚となり後退を余儀なくされる。そこで、淀城（伏見区淀本町）に入り、戦況の立て直しを図ろうとしたが、淀藩は、すでに賊軍となった旧幕府軍の入城を断った。やむなく旧幕府軍は、男山・橋本方面へと撤退する。その際、負傷者・戦死者は長円寺に運ばれた。ここまでの戦闘で、新選組隊士の三分の一が戦死し、長円寺は旧幕府軍の野戦病院となったのだ。

本来なら、この長円寺も攻撃を受けても仕方がないところだったが、治療と戦死者の供養が妨げられることはなかった。長円寺には、閻魔堂があり、閻魔王の前で争いごとや罪を犯すことはできなかったからだと伝えられている。

新選組は、結局、江戸へ撤退した。後に、土方歳三（ひじかたとしぞう）が、榎本武揚（えのもとたけあき）に、戦いの中、長円寺が幕府軍を助けた寺だと伝えると、武揚は、長円寺の山門脇に書し、「戊辰役東軍戦死者之碑　子爵　榎本武揚書」の碑を建立した。明治40年（1907）のことである。

山門前には、榎本武揚が揮毫した「戊辰之役東軍戦死者之碑」が立っている。

閻魔堂に奉納されている「和泉守兼定」。土方歳三が鳥羽・伏見の戦いで所有していた兼定の兄弟刀（刀匠同一）である脇差の守護閻魔刀で、会津の供養と侍の「誇り」を守り続ける供養刀である。

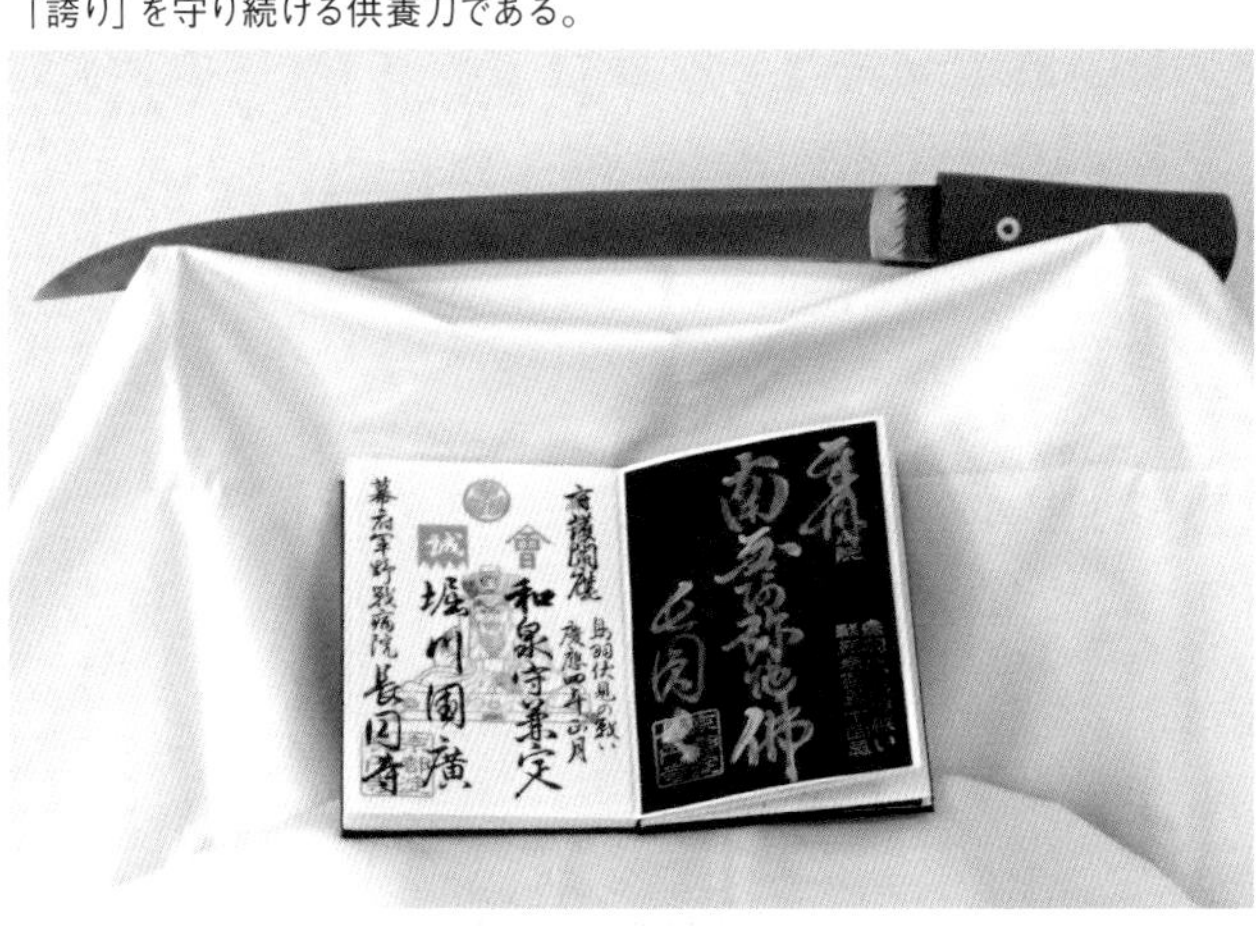

千葉一族の内乱の舞台

土橋合戦（つちはしかっせん）

❶千葉氏の家紋「月星」が配置されている。

❷地形の分かる地図をモチーフにした絵が描かれている。

❸土橋城と一体を成している東禅寺は、中世には房総の中心的寺院であり、各地からの産物などが集まる湊が眼下にあったと考えられる。そのことから土橋城が築かれた台地を遠景にし、入江を描き、船を浮かべたデザインに。

頒布場所DATA

販売場所	道の駅 多古あじさい館
販売価格	300円（税込）

南北朝時代の合戦とともに消えた土橋城

成田国際空港から東に車で30分ほど行くと、天御中主命神社（あめのみなかぬしのみことじんじゃ）（千葉県香取郡多古町）がある。ここは、千葉県北東部を流れ九十九里浜に注ぐ栗山川の西岸の舌状台地にあるが、この辺りは元々、千田親政（ちだちかまさ）や千葉（千田）一族が居城としていた土橋城（つちはし）があった場所だ。

今は、わずかに土塁や堀跡が確認できる程度だが、天御中主命神社は、その本丸跡に建てられている。そして、その当時、そこには千葉氏の氏神である妙見（みょうけん）様が祀られていたと思われる。

千葉氏は、桓武（かんむ）天皇の血を引く関東の豪族だった。平安時代後期の武将・千葉常重（つねしげ）が、大治元年（1126）、現在の千葉市中央区亥鼻付近に本拠を移し、この地を千葉と名付けたところから、現在の千葉市が誕生したと市が説明する。

土橋城のある多古地区は、佐原へ続く街道（多古街道）と栗山川の水運という水陸交通の要衝地であった。高台にある城は、物見台としても利用され、真言宗室生寺派

土橋城跡の櫓台。

の大寺院・東禅寺への年貢米や物資の行き来を監視する役目があったと考えられている。近くには、「船渡」という地名が残されており、土橋城の眼下には、重要な湊があったようだ。もちろん、戦の際の城郭としての機能も持ち、幾度も合戦の舞台となった。

南北朝時代の頃、南朝方の千葉貞胤と北朝方の千葉（千田）胤貞が従弟同士で争った千田荘動乱（1336〜1341）が起こり、その中で起きたのが「土橋合戦」だ。

土橋城を守っていたのは胤貞方だ。胤貞は、九州にも所領を持ち、下総を留守にすることがあり、この隙をついて、下総に居住する従弟の貞胤が宗家である胤貞の所領を侵食する事態が起こっていたため、仲が悪かった。

後醍醐天皇による建武の新政が始まり、足利尊氏が箱根竹ノ下の戦いで新田義貞に勝利すると胤貞はそれに従って上洛した。

一方の貞胤は、建武政権成立後は天皇方だったので、京都におり、貞胤に連なる者たちが、下総で胤貞所領の土橋城を攻め落とした。「土橋合戦」は、千葉貞胤が勝利したのだ。合戦では、12人が討ち死にしたと東禅寺の住持・湛睿が記した「華厳五経章纂釈」（金沢文庫所蔵）に残されている。

実は、始めに攻撃を仕掛けたのは、所領を侵食されていた胤貞の方だった。土橋合戦の前年、貞胤の本拠の千葉荘を襲っている。

貞胤は、その後も新田義貞の軍に属し足利軍と戦うも北朝方に降伏し、胤貞の急死後、下総の守護になったと思われる。

伊達政宗公主戦合戦印

独眼竜として知られる伊達政宗が参戦した中から主戦の合戦歴を元に印にしたシリーズ。合戦印を通して政宗の生涯を振り返ることができる。

頒布場所DATA

販売場所	奥州王ネットショップ
販売価格	3000円 ※合戦印10枚セット

人取橋の戦い

激戦となった父輝宗の弔い合戦。下部にあるのは佐竹氏の家紋「五本骨扇に月丸」。

小手森城の戦い

「小手森城の撫で切り」で有名な戦い。下部にあるのは大内氏の家紋「唐花菱」。

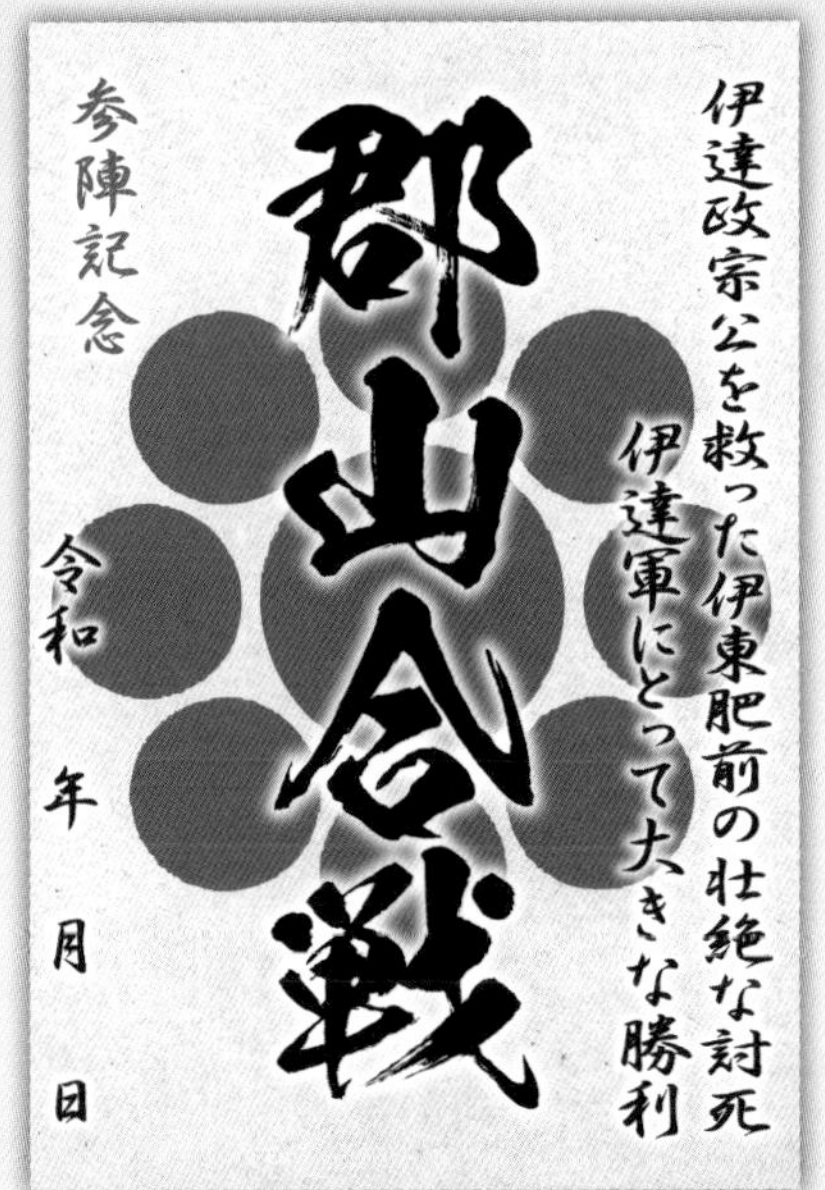

郡山合戦

蘆名・相馬連合軍との戦い。中央にあるのは討死にした伊東肥前の家紋「九曜」。

大崎合戦

大崎・最上連合軍との戦いで政宗の大敗に終わる。下部にあるのは大崎氏の家紋「丸に二つ引両」。

須賀川合戦

政宗が須賀川城を攻め落とした戦い。下部にあるのは二階堂氏の家紋「三つ盛亀甲に花菱」。

摺上原の戦い

宿敵蘆名氏を滅ぼし奥州の覇者となった戦い。政宗を模した不動明王が描かれている。

松川合戦

「北の関ヶ原」と呼ばれた上杉氏との戦い。下部は上杉氏の家紋「上杉笹(竹に雀)」。

白石城の戦い

秀吉死去後に上杉景勝と戦い旧領を奪還。下部は上杉氏の家紋「上杉笹(竹に雀)」。

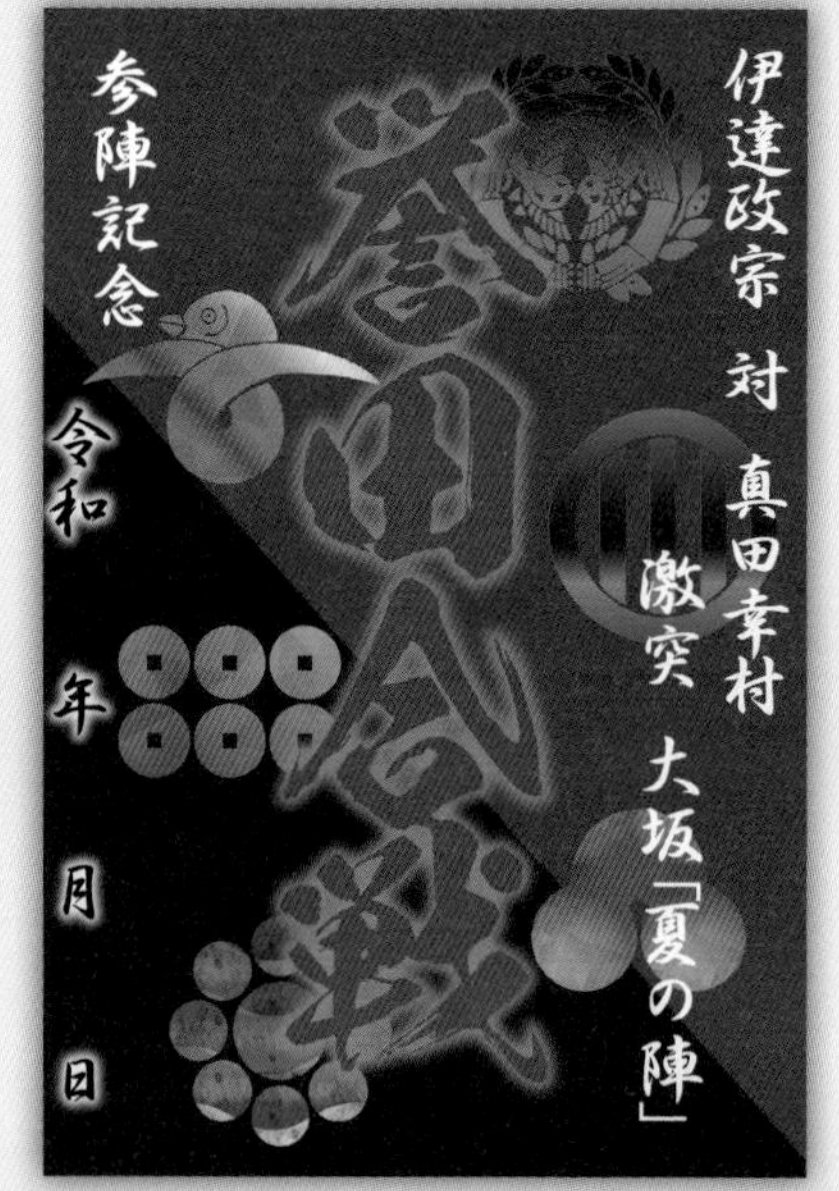

誉田合戦

大坂夏の陣で激突した伊達軍と真田信繁の戦い。真田隊と片倉重長の部隊が交戦した。

長谷堂城の戦い

関ヶ原の戦いと同時期に行われた戦い。上杉氏、最上氏の家紋が配置されている。

その他の印・集印帳

御城印や武将印を収納することができる集印帳や、関ヶ原の戦い後に整備された宿場町をテーマとした珍しい「御宿印」を紹介する。

戦国印帳

蛇腹タイプで、広げて1度に見ることもできる集印帳。透明なポケットのアルバムタイプになっており、16枚収納できる。

頒布場所DATA

販売場所	戦国館
販売価格	660円（税込）

黄金の天下布武　御城印帖

表紙も奉書紙も金色で、奉書紙は金屏風用の紙を使用した豪華な集印帳。片面（40面）ポケット式。裏側は通常の糊で貼るタイプ。表紙はビニールカバー付きで雨や汚れを防止。

頒布場所DATA

販売場所	御嶽宿わいわい館
販売価格	3,500円（税込）

里見八犬伝御城印帳

表面は里見水軍をモチーフにデザイン。裏面は八犬伝の世界をイメージしている。物語と本当の歴史、楽しい虚実の世界を楽しむことができる。

頒布場所DATA

販売場所	歴×トキ
販売価格	3,850円（税込）

三浦一族御城印帳

表面は三浦一族の家紋を的に見立てて、笠懸の武士が描かれ、三浦一族の家紋「三つ引両」を笠懸に見立てて配置。裏面は海の一族でもある三浦一族をイメージ。先頭には三浦義明が朝廷から命じられて退治したと伝わる九尾の狐が描かれている。

頒布場所DATA

販売場所	歴×トキ
販売価格	3,500円（税込）

浮世絵印帳(浮世絵風戦国武将印)

表面はジャバラの素材を和紙にし透明PPのポケットタイプ。裏面はPPポケットがなく、その場で書いていただくタイプの御城印に対応。デザインは浮世絵にて上杉謙信公対武田信玄公、伊達政宗公対真田幸村公と夢の対決をイメージしたもの。

頒布場所DATA

販売場所	奥州王ネットショップ
販売価格	3,000円(税込)

宿場町をテーマにした「御宿印」

関ヶ原の戦いにおいて天下を取った家康が整備した中山道。その宿場町をテーマにした珍しい「御宿印」を紹介。

御嶽宿印

古来より願興寺の門前町として栄え、慶長7年(1602)にいち早く整備された宿。

頒布場所DATA

販売場所	御嶽宿わいわい館
販売価格	400円(税込)

伏見宿印

江戸時代にペルシャから将軍に献上する駱駝が逗留したことでも有名な伏見宿。

頒布場所DATA

販売場所	古民家カフェ 多鞠庵
販売価格	400円(税込)

合戦印頒布場所一覧

営業日・営業時間	定休日	問い合わせ先電話番号	見学料金	駐車場の有無
10:00〜16:00	毎月第1月曜日（祝日にあたるときは直後の平日）、年末年始（12/29〜1/3）	047-335-1711	−	−
9:00〜17:00（入館は16:30まで）	毎週月曜日（祝日である場合は開館）、祝祭日の翌日、年末年始	0749-58-0252	大人：200円	あり（無料）
10:30〜17:00	不定休	0852-61-9088	−	なし
9:00〜17:00	月曜日（ただし祝日の場合は開館）12/28〜1/4	0561-73-8825	無料	あり（無料）
9:30〜19:00	水曜日	0581-32-9621	−	あり（無料）
−	−	−	−	−
9:00〜17:00	水曜日	0574-42-8580	無料	あり（無料）
−	−	−	−	−
毎週土・日曜日10：00〜16：00 ※不在の場合があります。事前確認ください。	月〜金曜日	052-755-3242	−	あり
9:00〜17:00	年中無休	083-223-0104	−	なし
9:30〜16:00（受付は15:30まで）	年中無休	0771-22-5561	300円（大本神苑拝観券）	あり
10:00〜16:00	夏季、年末年始の閉所日あり	052-755-3593	−	あり（無料）
9:00〜17:00	営業中（冬季のみ短縮営業あり）	025-523-7001	−	あり
月〜土：7:00〜20:00、日・祝日：8:00〜18:00	−	0562-92-8610	−	−
9:00〜17:00（前後する事あり）	基本年中無休	0770-22-0938（金崎宮）	無料	金崎宮近くに金ヶ崎公園駐車場あり 無料
月〜土／8:30〜19:00、日・祝日／8:30〜17:15	−	073-422-5831	無料	なし
10:00〜16:00	月〜木曜日（祝日の場合は営業）	090-2108-7133	−	あり（無料）
9:30〜17:00	毎週月曜日（祝日の場合は翌平日・年末年始12月27日〜1月3日）	0584-47-6030	−	あり（無料）
8:30〜17:00	年中無休（年末年始は除く）	043-486-6000	−	−
9:00〜17:00	定休日火曜/第2・第4水曜	0280-22-2781	無料	あり（無料）
9:00〜16:30（有料エリアへの入場は16:15まで）	第3木曜日（但し祝日の場合は翌平日）、年末年始（12月29日〜1月3日）	0568-72-0712	一般：100円	あり
10:00〜16:00	火〜木曜日	090-9892-1337	−	あり
9:00〜17:00（入場は16:30まで）	毎週火曜日（火曜日が休日の場合は次の平日が休館）、年末年始（12月29日から1月3日）	0536-22-0673	一般：330円	あり（無料）
9:00〜17:00	年中無休（年末年始は除く）	043-485-9700	−	−
9:00〜17:00（入館は16:30まで）	毎週月曜日（ただし祝日の場合は開館します）、祝日の翌日、年末年始	0857-26-3595	一般／個人：150円	なし
10:00〜21:00	東京スカイツリータウン・ソラマチに準ずる	0120-25-1059	−	あり（有料）

	頒布場所	住所／URL	アクセス
あ	いちかわ観光物産 インフォメーション	〒272－0021千葉県市川市八幡2-4-8	ＪＲ本八幡駅北口から徒歩2分
	伊吹山文化資料館	〒521-0314滋賀県米原市春照77	JR北陸本線 近江長岡駅下車、 バス6分 ジョイいぶき
	いっぷく処 清松庵	〒690-0888島根県松江市北堀町308-2	松江城から徒歩5分
	岩崎城歴史念館受付	〒470-0131愛知県日進市 岩崎町市場67	地下鉄星ヶ丘駅から名鉄バス「トヨタ博物館前」 もしくは「五色園」行きに乗り岩崎御岳口下車 徒歩５分
	インディアンビレッジ TWO-SPIRITS	〒501-2101岐阜県山県市大桑3341	高富街道突き当たり左折1.5キロ先 （途中看板あり）
	エコグッズ.ビズ	https://ecogoods.biz/	−
	御嶽宿わいわい館	岐阜県可児郡御嵩町中845-5	名鉄広見線御嵩駅から徒歩1分
	奥州王ネットショップ	https://oushuuou.thebase.in/	−
	大高観光案内所	〒459-8001名古屋市 緑区大高町字石ノ戸33	JR大高駅から徒歩10分
	大歳神社	〒750-0025山口県下関市 竹崎町1-13-10	JR下関駅から徒歩７分
	大本本部・総合受付	〒621-0851京都府亀岡市 荒塚町内丸１	JR山陰本線（嵯峨野線） 亀岡駅から徒歩約10分
	桶狭間古戦場観光案内所	〒458-0920 愛知県名古屋市 緑区桶狭間巻山2037	名鉄名古屋駅から名鉄有松駅で下車。 市バスにて「桶狭間古戦場公園」 バス停下車、徒歩約2分
か	春日山旅館 銅像前売店	〒943-0807 新潟県上越市 春日山町1-12-46	えちごトキめき鉄道「春日山駅」から バス停「中屋敷」下車徒歩15分、 または春日山駅から徒歩約30分
	ガソリンスタンド山中石油 大久伝ＳＳ	〒470-1111愛知県豊明市 大久伝町南1-8	名鉄豊明駅から徒歩26分
	金崎宮授与所	〒914-0072福井県敦賀市金ヶ崎町1-4	北陸自動車道敦賀インターチェンジから車で10分 ＪＲ敦賀駅から「ぐるっと敦賀周遊バス金崎宮」 下車徒歩5分
	観光交流センター（JR和歌山 駅地下わかちか広場内）	〒640-8331 和歌山市美園町5-13-2 わかちか広場内	JR和歌山駅中央改札口を出てすぐの エスカレーターを降りた「わかちか広場」内
	紀州九度山真田砦 ※通販はhttps:// www.omsknetworld.net	〒648-0145和歌山県伊都郡 九度山町下古沢244-14	南海高野線下古沢駅から徒歩10分
	岐阜関ケ原古戦場記念館 別館売店	〒503-1501岐阜県不破郡 関ケ原町関ケ原894-92	JR関ヶ原駅から徒歩10分
	京成佐倉駅前観光案内所	〒285-0014 千葉県佐倉市栄町8-7	京成佐倉駅南口 徒歩1分
	古河のお休み処　坂長	〒306-0033 茨城県古河市中央町3-1-39	JR古河駅西口　徒歩10分
	小牧市歴史館	〒485-0046 愛知県小牧市堀の内1-1	名鉄小牧線小牧駅から徒歩20分
	古民家カフェ 多鞠庵（たまりあん）	〒505-0125　岐阜県可児郡 御嵩町伏見924-1	名鉄広見線明智駅から徒歩11分
さ	新城市設楽原歴史資料館	〒441-1305 愛知県新城市 竹広字信玄原552	JR豊橋駅からJR飯田線三河東郷駅（約50分） 下車、徒歩15分程度
	ＪR佐倉駅前観光情報センター	〒285-0812 千葉県佐倉市六崎169-17	JR佐倉駅北口階段下
	仁風閣	〒680-0011 鳥取県鳥取市東町2-121	JR山陰本線鳥取駅より 100円バスくる梨「緑コース」8分、 「仁風閣・県立博物館前」下車徒歩すぐ
	戦国魂天正記 ※通販はhttps:// www.sengokudama.jp	〒131-0045東京都墨田区押上1-1−2	東武スカイツリーライン 「とうきょうスカイツリー 」徒歩すぐ

合戦印頒布場所一覧

営業日·営業時間	定休日	問い合わせ先電話番号	見学料金	駐車場の有無
9:00～14:00	月曜定休（月曜日が祝日の場合火曜休）、年末年始	0584-23-2020	無料	あり（無料）
5:00～17:00（日祭日5:00～9:00）	日曜	0562-92-5511	－	－
10:00～17:00（2～3月、8～9月は参拝不可）	－	075-631-3113	－	なし
9:00～17:00（入館は16:30まで）	毎週月曜日（祝日の場合は開館、翌火曜日が休館）、祝日の翌日（翌日が土·日·祝日の場合は開館）、年末年始（12/29～翌年1/3）	0857-23-2140	一般／300円（常設展·企画展）、500円（特別展）	あり（無料）
－	土·日·祝日	0562-92-8332	－	－
10:00～17:00	月曜日（月曜日が祝日の場合は翌日）	－	－	－
9:00～17:00（※入館受付16:30まで）	火曜／年末年始 閉館（12月29日～1月3日）※火曜休日の場合は翌平日に休館	0536-32-0162	一般：220円	あり（無料）
10:00～17:30	12月～3月の水曜日	0248-24-0275	－	あり（無料）
－	－	080-3669-6447	－	－
10:30～15:30	火曜日·金曜日·年末年始		無料	あり（無料）
8:30～17:15（日曜日は～17:00）	年中無休（年末年始は除く）		無料	あり（無料）
御朱印授与時間/9:30～15:30	不定休	026-278-2673	無料	あり（無料）
月～金／8:00～18:00 土／7:00～18:00	日曜日	052-627-0787	－	あり
－	－	0562-93-0093	－	あり（無料）
10:00～17:00	年中無休	0773-45-8505	－	あり（無料）
09:00～17:00	不定休	0952-66-1681	－	あり（無料）
9:00～17:00	年中無休（12月28日～1月4日のみ休み）	043-486-8898	－	あり
9:00～20:00 ※新型コロナウイルスの感染拡大に伴い、開館時間が変更となる場合があります。	年中無休	047-382-5211	－	あり
9:00～19:00	年始（1月1日～1月2日）	0479-79-3456	－	あり
10：00～16：00	月曜日	055-985-2970	－	あり
1階9:00～21:00／2階10:00～20:00	年中無休	043-461-1871	－	あり
9:00～17:00（常時展示室<有料エリア>への入場は16:30まで）	第3木曜日（但し祝日の場合は翌平日）、年末年始（12月29日～1月3日）	0568-48-4646	一般：100円	あり
－	－	－	－	－

	頒布場所	住所／URL	アクセス
た	垂井町観光案内所	〒503-2121岐阜県不破郡 垂井町1812-10	JR垂井駅北口徒歩すぐ
	中日新聞沓掛専売所 小島新聞店	〒470-1113 愛知県豊明市 新田町錦14-2	名鉄名古屋本線前後駅から徒歩33分
	長円寺	〒613-0906 京都市伏見区淀新町681	京阪淀駅から徒歩10数分
	鳥取市歴史博物館	〒680-0015 鳥取県鳥取市上町88	JR鳥取駅から徒歩25分
	豊明市観光協会 （豊明市役所産業支援課内）	〒470-1112 愛知県豊明市 新田町子持松1-1	名鉄名古屋本線豊明駅から徒歩24分
な	ながくて観光 交流サポートセンター	〒480-1121愛知県長久手市武蔵塚204 長久手古戦場公園・郷土資料室内	リニモ長久手古戦場公園駅から徒歩7分
	長篠城址史跡保存館	〒441-1634 愛知県新城市 長篠字市場22-1	JR飯田線長篠城駅で下車、徒歩約8分
	二ノ丸茶屋 （白河小峰城内）	〒961-0074 福島県白河市郭内1-181	JR東北本線白河駅から徒歩5分
	濃州明知砦HP （現在は通販のみ）	https:// sengokusyocyu.jimdofree.com/	－
	のと里山里海ミュージアム あおカフェ	〒926-0821 石川県七尾市 国分町イ部1	JR七尾駅から市内循環バス「まりん号」 七尾城ルートに乗車し能登国分寺公園口まで約9分、 バス停から徒歩で約8分
は	白山市観光連盟	〒920-2192 石川県白山市鶴来本町 四丁目ヌ85（白山市鶴来支所1階）	北陸鉄道石川線鶴来駅から徒歩2分
	八幡社社務所	〒381-2212 長野県長野市 小島田町字新田1362-1	JR長野駅からアルピコ交通バス 「川中島古戦場」下車すぐ
	はな華	〒459-8001 愛知県名古屋市 緑区大高町鶴田19	JR大高駅から徒歩5分
	ビジネスホテルいずみ	〒470-1141 愛知県豊明市 阿野町違井19-1	名鉄名古屋本線豊明駅から徒歩10分
	福知山城おみやげ処	〒620-0871 京都府福知山市 字岡ノ32-64	JR山陰本線、福知山線、または京都丹後鉄道 宮福線「福知山」駅下車、徒歩20分
	福田寺	〒849-0311 佐賀県小城市 芦刈町芦溝807	JR牛津駅から徒歩22分
	ふるさと広場売店「佐蘭花」	〒285-0861 千葉県佐倉市臼井田2714	京成佐倉駅北口から佐倉市 コミュニティバス「ふるさと広場バス停」で下車
ま	道の駅いちかわ	〒272-0834 千葉県市川市国分6-10-1	国道298号「道の駅いちかわ入口」交差点そば
	道の駅多古あじさい館	〒289-2241 千葉県香取郡 多古町多古1069-1	国道296号と栗山川の交差する多古大橋のたもと
や	山中城跡案内所・売店	〒411-0011 静岡県三島市 山中新田119-1 山中城址	三島駅から元箱根港行きバス『山中城跡』下車
ら	レイクピア ウスイ	〒285-0837 千葉県佐倉市王子台1-23	京成線 臼井駅より徒歩1分
	れきしるこまき （小牧山城史跡情報館）	〒485-0046 愛知県小牧市堀の内1-2	名鉄小牧線小牧駅から徒歩20分
	歴×トキHP	https://www.rekitoki.com/	－

索引（50音順）

「御城印」徹底ガイドシリーズのご案内

「東日本 西日本『御城印』徹底ガイド見どころ・楽しみ方がわかる」

名城から古城、奇城まで魅力的な「御城印」を一挙に収録した「御城印」徹底ガイドシリーズが好評発売中！

東日本61城・約１００枚、西日本95城・約１２０枚の家紋や花押の解説はもちろん、限定・コラボ・特別デザインなどバリエーションを豊富に掲載！

城郭の詳細情報＆ＭＡＰ付き。

ぜひ本書と一緒にお城めぐりの際に持っていこう！

東日本

書名：東日本「御城印」徹底ガイド　見どころ・楽しみ方がわかる
監修：小和田哲男
ページ数：144ページ
定価：1760円+税

西日本

書名：西日本「御城印」徹底ガイド　見どころ・楽しみ方がわかる
監修：小和田哲男
ページ数：144ページ
定価：1760円+税

「全国『武将印』徹底ガイド　見どころ・楽しみ方がわかる」

全国のお城や観光協会などが発行している150種以上の「武将印」の情報を紹介。限定版・コラボ・「姫の印」などのバリエーションも豊富に掲載。この1冊で鑑賞&収集がさらに深く楽しめる！

書名：全国「武将印」徹底ガイド　見どころ・楽しみ方がわかる
監修：小和田哲男
ページ数：160ページ
定価：1800円+税

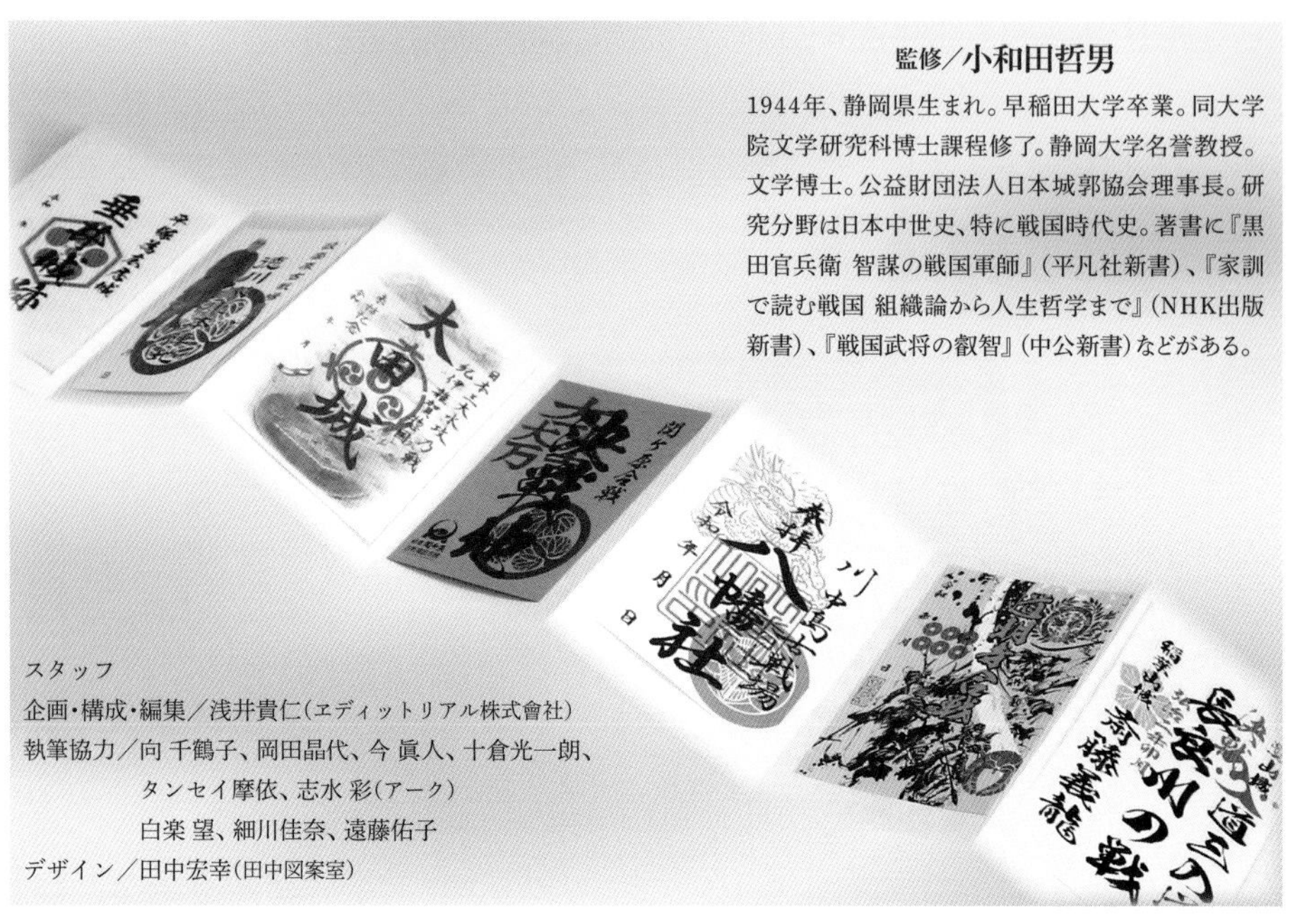

監修／小和田哲男

1944年、静岡県生まれ。早稲田大学卒業。同大学院文学研究科博士課程修了。静岡大学名誉教授。文学博士。公益財団法人日本城郭協会理事長。研究分野は日本中世史、特に戦国時代史。著書に『黒田官兵衛 智謀の戦国軍師』（平凡社新書）、『家訓で読む戦国 組織論から人生哲学まで』（NHK出版新書）、『戦国武将の叡智』（中公新書）などがある。

スタッフ
企画・構成・編集／浅井貴仁（エディットリアル株式會社）
執筆協力／向 千鶴子、岡田晶代、今 眞人、十倉光一朗、
タンセイ摩依、志水 彩（アーク）
白楽 望、細川佳奈、遠藤佑子
デザイン／田中宏幸（田中図案室）

全国「合戦印」徹底ガイド
見どころ・楽しみ方がわかる

2021年7月30日　第1版・第1刷発行

監修者　小和田 哲男（おわだ てつお）
発行者　株式会社メイツユニバーサルコンテンツ
代表者　三渡 治
〒102-0093 東京都千代田区平河町一丁目1-8
印　刷　三松堂株式会社

◎『メイツ出版』は当社の商標です。

ご意見・ご感想はホームページから承っております。
ウェブサイト　https://www.mates-publishing.co.jp/

編集長：折居かおる　副編集長：堀明研斗　企画担当：堀明研斗